MASALAWALA
SOUTH INDIAN
COOKBOOK

はじめに

こんにちは、マサラワーラーです！

マサラワーラーは武田尋善と鹿島信治による、インド料理を作って食べてもらう二人組です。

マサラ（正確にはマサーラー）とは、スパイスや調味料のことで、また、複数のスパイスを合わせたミックス、スパイスと材料を炒め合わせたものなどのことです。「マサラムービー」なんて使われ方もする言葉です。そして、ワーラーとはヒンディー語で「〜の人」「〜屋」「〜野郎」という意味です。たとえば、弁当屋はダッバー（弁当）ワーラーです。つまり、マサラワーラーは「マサラ野郎」という意味。

マサラワーラー結成前に、二人でインド料理を含めたカレーのレシピがたくさん入っているレシピ本を買ってきて、その本を見ながらカレー、インド料理を毎日のように作って「俺は今日キーマカレーとクートゥとラッサム作ったよ」「俺はサンバールとチキンカレーとポリヤル作ってるよ」と、お互いに電話やメールで報告。たまにお互いの家に行ってインド料理交換。その頃からもうずっとインド料理を作るのが楽しくて。作れば作るほど上手になる、作らないと下手になると思うので、それが毎日続きました。

やがて料理の消費が追いつかなくなったとき、「どこか場所を借りて、いろんな人に食べてもらおう」と、バンド結成のようにマサラワーラーが結成されました。

それからずっと、マサラワーラーとして活動を続けて、インド料理のケータリングで東京はもちろん、日本全国いろいろなところに行っています。南インドのタミル・ナードゥ州のマハーバリプラムに行って、地元の人たちにぼくたちのインド料理を食べてもらったりもしました。

インドの中でも下のほう、いわゆる南インドとは、一般的にタミル・ナードゥ州、ケーララ州、カルナータカ州、アーンドラ・プラデーシュ州、テランガーナ州の地域のことを表しています（このあたりは人によって、媒体によって、どこまでを南インドとするか諸説ありますが）。今回のレシピ本では、このあたりのいわゆる南インドの料理のレシピがメインとなっています。

インド料理を作るのはとても楽しいです。料理の上手い下手は気にしないで、失敗しても大丈夫。とにかく楽しく何度も作っていれば美味しくなります。この本が楽しくインド料理を作るきっかけになったら、とても嬉しいです！

マサラワーラー

もくじ

はじめに　2

魅惑の南インド料理　6

インド料理を作るにあたっての確認事項　12

チキンレシピ　16
　コーリコロンブ　18
　コーリカッリーラルワルワル　20
　チキンウップカリ　22
　チキンギッザルドトゥ　24
　チキンペッパーマサーラー　26
　チキン65　28
　チキンチュッカ　30
　チェッティナードゥコーリコロンブ　32

コラム
インド映画でサンドーシャン！　34

マトン＆ビーフレシピ　36
　マトンコロンブ　38
　アートゥッカールスープ　40
　マトンコーラーウルンダイ　42
　ビーフカリ　44

コラム
タミルの角打ち、タスマック！　46

シーフードレシピ　48
　ミーンコロンブ　50
　カナヴァミーントック　52
　イラールトック　54
　スーラープットゥ　56
　ミーンワルワル　58
　ナンドゥワルワル　60

コラム
おれはオートリクシャードライバー！　62

ベジレシピ　64
　サーンバール　66
　ベジタブルクルマ　68
　チェッティナードゥポテトロースト　70
　マサーラーカジュー　72
　ベジタブルバッジ　74
　ウルガ　76

コラム
結婚式の食事風景　78

ティファン、エッグなどのレシピ　80

　パロッタ　82

　メドゥワダ　86

　ココナッツチャトニ　88

　カーラチャトニ　89

　モラガポディ　90

　ムッタイワルワル　92

　カランディオムレツ　94

　ハーフボイルド　96

コラム
インドのお祭り　98

ライスレシピ　100

　ハイデラバーディカッチチキンビリヤーニ　102

　マラバールカルマッカヤビリヤーニ　106

　タマリンドライス　110

　レモンライス　112

ミックスパイスの作り方　114

コラム
都道府県魅力度ランキング最下位常連茨城県　116

おいしいタミル語　120

マサラワーラーインタビュー　122

※レシピの計量について
水１カップ＝ 200ml
大さじ１＝ 15ml
小さじ１＝ 5ml
で計量しています。

南インド料理って一体どんな料理でしょうか。端的にいえば、南インド人がそこで取れた作物でそこの風土に合わせて作った料理ですよね。それはどこの国の料理でも一緒です。

　南インドは、冬でも最高気温は30度になる常夏なので、作物もとてもよく育ちます。日本と同じ米食で年に2～3回米の収穫ができるほどです。野菜は日本の夏野菜が1年中取れます。だから一見すると南インドはベジタリアンが多いと思いがちですが実はノンベジタリアンの方が多いです。ただ、毎日お肉を食べるかというとそうではなく、週に何回か食べる程度です。今回のこのレシピ本に載ってるようなノンベジ料理が満載な地域もあります。

　料理の特徴としては、暑い気候なのでサラッとしていて酸味の効いたグレイビーも多いです。北インドの宮廷料理に比べると油は少ないですが、日本人の感覚からすると多めに思えるかもしれません。また、米食に合わせやすく、混ぜて食べやすい料理が多いこと

も特徴です。北インドの小麦食には粘度の高いグレイビーも多いです（もちろん料理によっていろいろありますが）。

　南インド料理というと、みなさんが最初にイメージするのはバナナの葉の上にごはんが乗せられてサーンバールやポリヤル、クートゥなどが食べさせられ放題のミールスだと思います。ミールスは大半のお店ではお昼にしか食べられません。日本でいうところのサービスランチだと思うと合点がいきます。ノンベジのお店だとここにミーンワルワルやチキンチュッカなどを追加注文して食べることもできて最高です。昼時以外にはミールスではなくて何を食べてるのかといえば、お米や豆をペーストにして揚げたり焼いたり蒸したりした料理、知っている方も多いと思いますが、ティファンと呼ばれる軽食です。米と豆をペーストにして発酵させて蒸したイドゥリはサーンバールやチャトニ、ポディと合わせて食べたらもう止まりません。もちろんミーンコロンブやコーリコロンブなどのノンベジと

合わせて食べるのも最高です。そして、その生地を鉄板で薄くクレープ状に焼いたドーサも大人気です。中にじゃがいものマサーラーを入れたマサーラードーサはポピュラーです。ドーサもいろいろありノンベジを合わせても作ります。厚焼きにしたドーサの上にマトンキーマを乗せて焼き上げたカリドーサも最高に美味しいです。

小麦ももちろん食べます。よく食べるのは層状の渦巻パンのパロッタです。街角でパロッタを広げて焼くおじさん達はもはや芸術です。そのパロッタにサールナをかけて、混ぜて食べるのは最高です。パロッタもマトンコロンブやベジクルマなどと合わせて食べるともう他に何もいらないぐらいです。

海岸沿いに行けば魚、イカ、カニなどのシーフードのマサーラー揚げが勢揃いです。

そして、みんな大好きビリヤーニ。よく「ビリヤーニって南インド料理ですよね？」って聞かれることがありますが、ビリヤーニはインド全国で食べられる料理で、いろんなビリヤーニがありますので南インド特定の料理ではありません。もちろん南インドでも美味しいビリヤーニはたくさんあります。ハイデラバーディービリヤーニ、アンブールビリヤーニ、ディンディッカルビリヤーニ、マラバールビリヤーニなどなど。食感もフワフワパラパラ系、しっとり系、テカテカ系といろんなタイプがあるので、ビリヤーニの作り方もたくさんあります。ベジビリヤーニも美味しいですが骨からの旨味も入ったノンベジのビリヤーニは最高です。ビリヤーニの食べ歩きは相当の大食感じゃなければできない修行です。北ケーララで食べたマラバールビリヤーニはすごく美味しかったし、また食べに行きたいです。

そして、南インドでお酒事情が最もゆるいのはバンガロールです。街に日本のリカーショップの

ようなお店が普通にありビールが冷蔵庫で冷えてます。この本のコラムでも紹介しているタミル・ナードゥ州のタスマックは鉄格子の向こうに手を入れてウイスキーやビール、ラムなどを買うシステムでかなり酔っ払いでごった返してます。そのタスマックの脇の小道を入っていくと飲める場所があり、そこでチキン65などをつま

みながらサッと飲んで帰ります。ケーララには朝に取れたヤシ酒のトディがあり、トディショップでイカを炒めた料理をつまみながら飲んだりします。

今回のこのレシピ本では、南インドの基本とも定番ともいえるサーンバールなどのベジのレシピもありますが、ノンベジ料理を多めに、南インドはミールスやティフ

ァンだけではないよというところを紹介できればと思ってこのようなラインナップになりました（。

南インドは海に囲まれているのでシーフードも美味しいし、マドゥライ周辺は美味しいノンベジのお店がとても多いです。南インドに行くことがあれば、自分にあった南インドを探して楽しんでください！

今回のレシピで登場してくるスパイス

今回のレシピで使っている
主なスパイス（一部ダールなど含みます）です。
名前と形を覚えておきましょう！

ポピーシード

カルパーシ

タマリンド

メティシード

マスタードシード

スターアニス

ブラックペッパー

クミンシード

ココナッツファイン

フェンネルシード

クローブ

コリアンダーシード

トゥールダール

ウラドダール

テージパッタ

赤唐辛子

チャナダール

カシアシナモン

コリアンダーパウダー

チリパウダー

ヒング

カルダモン

ターメリック

インド料理を作るにあたっての確認事項

すべてのレシピについての共通案件です。
これらをふまえて、
いろいろと作ってみてください！

塩

インド料理では塩がとても大事です。レシピに書いている最初の分量で作ってみて、最終工程で味見をして、必要に応じて最後に塩で味を足して整えてください。バチッと決まったときはほんと美味しいです。

スパイスのテンパリング

ホールスパイスは、最初にマスタードシードを入れて、パチパチとはじけてきたあとに他のホールスパイスを入れていきます。メティシードがあるときはメティシードを最後に入れるようにします。メティシードは焦げやすいので注意！

油

インド料理では塩と同じく油も大事。使用する油について、マサラワーラーはひまわり油をよく使いますが普通のサラダ油などでも大丈夫です。インド料理で旨味がちょっと足りないなと思ったときは、油の量を増やしてみてください。

ニンニクとショウガ

ニンニクとショウガをすりおろしてジンジャーガーリックペーストにするときは、何も加えずそのままで混ぜてもいいし、ミキサーなどにかけるときは少量の水と油を足すといいです。市販のジンジャーガーリックペーストでも代用できます。

玉ねぎ

玉ねぎはスライス切りのときは半分に切って繊維と垂直に半分に切ってから、繊維に沿ってスライスしていきます。みじん切りのときは多少粗くても大丈夫です。炒めるときは焦げそうになったら適宜水を足してください。

トマト

トマトは角切りにしてから、できるだけ形が残らないように潰しながら炒めていきます。また、ホールトマト、カットトマトなどで代用するときは、トマト1個 = 200 グラムぐらいを目安にしてみてください。

カレーリーフ

最近はフレッシュなカレーリーフも手に入りやすくなってきました。ドライのカレーリーフはあまりおすすめできないので、フレッシュなカレーリーフを使ってみてください。カレーリーフは油がはねやすいので注意！

米

　今回のレシピで紹介しているビリヤーニ、レモンライス、タマリンドライスなどは、日本米よりもバスマティライスなどのインドのお米のほうが適しています。輸入食材店などで探して手に入れてみてください。

圧力鍋

　固い肉や豆を煮る際は圧力鍋が便利です。通常の鍋で作ることもできますが、レシピによっては圧力鍋を使ったほうが作りやすいし、インド料理を作るなら圧力鍋はあったほうがいいと思います。

調理器具、食器

　作ったインド料理はインドの食器で食べればさらにインド感が増します。また、インド製の鍋やウェットグラインダーといったインドの食器、調理器具は通販サイトのアジアハンターで購入できますので、取り揃えてみましょう。

輸入食材店

　スパイス、インドのお米などは普通のスーパーなどでは売ってないことも多いかと思いますが、輸入食材店で購入できます。都内に店舗もあるアンビカやナスコは通販サイトもありますので、輸入食材店で揃えてみましょう！

Chicken Recipe

Kozhi Kuzhambu

Kozhi Kalliral Varuval

Chicken Uppu Kari

Chicken Gizzard Thokku

Chicken Pepper Masala

Chicken 65

Chicken Chukka

Chettinadu Kozhi Kuzhambu

コーリコロンブ

Kozhi Kuzhambu

南インド料理の基本のチキンカレー。
鶏肉はムネ肉でも骨つき肉でもオッケー、ガラームマサーラーを加えてもオッケーです！

材料（作りやすい分量）

- 鶏モモ肉…500g
- 玉ねぎ…1個　・トマト…1個
- ニンニク…2かけ　・ショウガ…1かけ
- 青唐辛子…1本
- カレーリーフ…ひとつかみ
- 香菜…適量　・油…大さじ3
- 塩…小さじ1

ホールスパイス

- マスタードシード…小さじ1
- クミンシード…小さじ1/2
- カルダモン…5個
- クローブ…5個
- シナモン…2センチ
- ブラックペッパー…小さじ1/2
- フェンネルシード…小さじ1/2
- メティシード…小さじ1/2
- 赤唐辛子…2本
- テージパッタ…1枚

パウダースパイス

- ターメリック…小さじ1
- チリパウダー…小さじ1
- コリアンダーパウダー…大さじ1

下ごしらえ

鶏肉は一口大に切る。
トマトは2センチぐらいの角切りにする。
玉ねぎはスライスする。
ニンニクとショウガはすりおろしてジンジャーガーリックペーストにする。
青唐辛子は切れ込みを入れるか半分に折る。
香菜はみじん切りにする。

作り方

1. 鍋に油を入れて中火にかけ、マスタードシードを入れて弾けてきたらメティシードが最後になるようにホールスパイスを入れていく。
2. スパイスの香りが出てきたら玉ねぎを入れて、強火で黄金色になるまでしっかりと炒める。
3. 青唐辛子、ジンジャーガーリックペースト、カレーリーフを入れて1分ほど炒める。
4. トマトを入れて潰しながら全体がまとまるように炒める。
5. 弱火にしてパウダースパイスと塩を入れて、馴染むように炒める。
6. 鶏肉を入れて中火にして炒める。
7. 火が通ったら塩（分量外）で味を整えて、パクチーを散らせて完成。

コーリカッリーラルワルワル

Kozhi Kalliral Varuval

鶏肉のレバーの炒め物。レバーはタミルでもよく食べられます。
ニンニクの分量多すぎるかと思うでしょうが、迷わずたくさん入れましょう、美味しくなります！

材料（作りやすい分量）

- チキンレバー…500 グラム
- 玉ねぎ…1 個
- ニンニク…10 かけ
- ショウガ…1 かけ
- 粗挽きブラックペッパー…小さじ 1
- カレーリーフ…ひとつかみ
- 香菜…適量
- 油…大さじ 2
- 塩…小さじ 1

ホールスパイス

- マスタードシード…小さじ 1
- クミンシード…小さじ 1/2
- フェンネルシード…小さじ 1
- 赤唐辛子…3 本

パウダースパイス

- ターメリック…小さじ 1/2
- チリパウダー…小さじ 1/2
- コリアンダーパウダー…小さじ 2

下ごしらえ

レバーは一口大に切る。
玉ねぎはみじん切りにする。
ニンニク 2 かけとショウガはすりおろしてジンジャーガーリックペーストにする。
香菜はみじん切りにする。

作り方

1 鍋に油を入れて中火にかけ、マスタードシードを入れて、弾けてきたら他のスパイスを入れる。

2 スパイスの香りが出てきたら玉ねぎを入れて、強火で表面に少し焦げ色がつくまで炒める。

3 ジンジャーガーリックペーストとニンニク 8 かけとカレーリーフを入れて、1 分ほど炒める。

4 弱火にして、パウダースパイスと塩を入れて、馴染むように炒める。

5 チキンレバーを入れて中火にして、10 分ほど炒める。

6 粗挽きブラックペッパーを加えて混ぜ合わせる。

7 火が通ったら塩（分量外）で味を整えて、香菜を散らせて完成。

チキンウップカリ

Chicken Uppu Kari

ウップとは塩のこと。赤唐辛子をガッツリ入れると香りが良くて美味しいです。
そこまで辛さを求めてなければ赤唐辛子の量を減らしてもオッケーです。

材料（作りやすい分量）

- 鶏モモ肉…500 グラム
- 玉ねぎ…1 個
- ニンニク…10 かけ
- ショウガ…1 かけ
- 青唐辛子…1 本
- カレーリーフ…ひとつかみ
- 油…大さじ 5
- 塩…小さじ 1

ホールスパイス
- マスタードシード…小さじ 1
- フェンネルシード…小さじ 1
- 赤唐辛子…15 本

パウダースパイス
- ターメリック…小さじ 1
- ブラックペッパーパウダー…小さじ 1

下ごしらえ

玉ねぎは粗みじん切りにする。
ニンニク 2 かけとショウガはすりおろしてジンジャーガーリックペーストにする。
青唐辛子は切れ込みを入れるか半分に折る。
鶏肉はターメリック、ジンジャーガーリックペースト、塩でマリネして 2 時間ほど置く。

作り方

1　鍋に油を入れて中火にかけ、マスタードシードを入れて弾けてきたら他のホールスパイスを入れていく。

2　スパイスの香りが出てきたら玉ねぎを入れて、強火で黄金色になるまで炒める。

3　カレーリーフとジンジャーガーリックペーストとニンニク 8 かけを入れて炒める。

4　マリネした鶏肉を入れて炒める。ある程度火が通ったら弱火にして蓋をする。

5　火が通ったらブラックペッパーパウダーを入れて混ぜ合わせる。

6　塩（分量外）で味を整えて完成。

チキンギッザルドトック
Chicken Gizzard Thokku

砂肝の濃厚なスパイス炒め。砂肝の歯応えがたまらない一品。
お酒にめちゃくちゃ合います！

材料（作りやすい分量）

- 砂肝…300 グラム
- 玉ねぎ…1 個
- トマト…1 個
- ニンニク…2 かけ
- ショウガ…1 かけ
- 青唐辛子…2 本
- カレーリーフ…ひとつかみ
- 香菜…適量
- 油…大さじ 2
- 塩…小さじ 1

ホールスパイス

- マスタードシード…小さじ 1
- ファンネル…小さじ 1
- メティシード…小さじ 1/2
- 赤唐辛子…2 本

パウダースパイス

- ターメリック…小さじ 1
- チリパウダー…小さじ 1
- コリアンダーパウダー…大さじ 1
- 粗挽きブラックペッパー…小さじ 1

下ごしらえ

砂肝は食べやすいサイズに切る。
玉ねぎはスライスする。
トマトは 2 センチぐらいの角切りにする。
ニンニクとショウガはすりおろしてジンジャーガーリックペーストにする。
青唐辛子は切れ込みを入れるか半分に折る。
香菜はみじん切りにする。

作り方

1 鍋に油を入れて中火にかけ、マスタードシードを入れて弾けてきたらメティシードが最後になるようにホールスパイスを入れていく。

2 スパイスの香りが出てきたら玉ねぎを入れて、強火で黄金色になるまで炒める。

3 ジンジャーガーリックペースト、青唐辛子、カレーリーフを入れて 1 分ほど炒める。

4 トマトを入れて潰しながら全体がまとまるように炒める。

5 弱火にして、パウダースパイスと塩を入れて馴染むように炒める。

6 砂肝を入れてよく炒める。

7 火が通ったら塩（分量外）で味を整えて、香菜を散らせて完成。

チキンペッパーマサーラー
Chicken Pepper Masala

名前の通り、ブラックペッパーが効いた鶏肉料理。
これまたお酒にピッタリ!

材料（作りやすい分量）

- 鶏モモ肉…500グラム
- 玉ねぎ…1個　・トマト…1個
- ニンニク…2かけ
- ショウガ…1かけ
- 粗挽きブラックペッパー…小さじ2
- 青唐辛子…1本
- カレーリーフ…ひとつかみ
- 香菜…適量
- 油…大さじ3　・塩…小さじ1

ホールスパイス

- マスタードシード…小さじ1
- クミンシード…小さじ1
- カルダモン…3個
- クローブ…3個
- カシアシナモン…ひとかけら
- 赤唐辛子…2本
- テージパッタ…1枚

パウダースパイス

- ターメリック…小さじ1
- チリパウダー…小さじ1
- クミンパウダー…小さじ1
- コリアンダーパウダー…大さじ2

下ごしらえ

鶏肉は一口大に切る。
玉ねぎはスライスする。
トマトは2センチぐらいの角切りにする。
青唐辛子は細かい輪切りにする。
香菜はみじん切りにする。

作り方

1　鍋に油を入れて中火にかけ、マスタードシードを入れて弾けてきたら、他のスパイスを入れる。
2　スパイスの香りが出てきたら玉ねぎを入れて強火で黄金色になるまで炒める。
3　ジンジャーガーリックペースト、青唐辛子、カレーリーフを入れて1分ほど炒める。
4　トマトを入れて潰しながら全体がまとまるように炒める。
5　弱火にしてパウダースパイスと塩を入れて馴染むように炒める。
6　鶏肉を入れて混ぜ合わせ、蓋をして蒸し焼きにする。
7　鶏肉に火が通ったら蓋を取って、さらに水気を飛ばすように炒め、セミドライなグレイビーにする。
8　粗挽きブラックペッパーを入れて混ぜ合わせ、塩（分量外）で味を整えて、香菜を散らせて完成。

チキン 65

Chicken 65

南インドの唐揚げ。65 の意味は諸説あって、正解は永遠の謎！

材料（作りやすい分量）

- 鶏モモ肉…600 グラム
- 玉ねぎ…1/4 個
- カレーリーフ…ひとつかみ
- 香菜…適量
- 揚げ油…適量

マリネ用材料

- たまご…1 個
- ニンニク…2 かけ
- ショウガ…1 かけ
- ガラムマサーラー…小さじ 2
- ターメリック…小さじ 1/2
- チリパウダー…小さじ 2
- ブラックペッパーパウダー…小さじ 1
- ヨーグルト…大さじ 4
- 醤油…小さじ 1
- レモン汁…小さじ 1
- 片栗粉…大さじ 4
- 米粉…大さじ 1
- 食紅（赤）…小さじ 1/4
- 油…大さじ 1
- 塩…小さじ 1

下ごしらえ

鶏肉は一口大に切る。
ニンニクとショウガはすりおろしてジンジャーガーリックペーストにする。
マリネ用の材料を全て混ぜあわせて、塩（分量外）で味を調整する。
鶏肉をマリネ用の材料に入れて 1 時間くらい寝かせる。
飾り付け用のタマネギをスライスする。
香菜をみじん切りにする。

作り方

1　鍋に油を入れて 180 度に熱する。
2　マリネした鶏肉をしっかり揚げる。
2　揚げ油にカレーリーフも入れて揚げ、揚がった鶏肉に散らせる。
3　玉ねぎと香菜を散らせて完成。

チキンチュッカ
Chicken Chukka

タミルでよく食べられている、汁気の無いチキン料理。お酒にはピッタリ！

材料（作りやすい分量）

- 鶏モモ肉…500 グラム
- 玉ねぎ…2 個
- トマト…1 個
- ニンニク…2 かけ
- ショウガ…1 かけ
- 青唐辛子…2 本
- カレーリーフ…ひとつかみ
- 香菜…適量
- 油…大さじ 4
- 塩…小さじ 1

ホールスパイス

- カルダモン…3 個
- クローブ…3 個
- シナモン…ひとかけら
- フェンネルシード…小さじ 1
- 赤唐辛子…3 本

パウダースパイス

- ターメリック…小さじ 1/2
- チリパウダー…小さじ 1/2
- コリアンダーパウダー…大さじ 1

下ごしらえ

鶏肉は一口大に切る。
玉ねぎはスライスする。
トマトは 2 センチぐらいの角切りにする。
ニンニクとショウガはすりおろしてジンジャーガーリックペーストにする。
青唐辛子は切れ込みを入れるか半分に折る。
香菜はみじん切りにする。

作り方

1　鍋に油を入れて中火にかけ、ホールスパイスを入れる。

2　スパイスの香りが出てきたら玉ねぎを入れて、強火で茶色になるまで炒める。

3　ジンジャーガーリックペースト、青唐辛子、カレーリーフを入れて 1 分ほど炒める。

4　トマトを入れて潰しながら全体がまとまるように炒める。

5　弱火にしてパウダースパイスと塩を加えて、馴染むように炒める。

6　鶏肉を入れて中火にして炒める。

7　火が通ったら塩（分量外）で味を整えて、香菜を散らせて完成。

チェッティナードゥコーリコロンブ
Chettinadu Kozhi Kuzhambu

チェッティナードゥ地方のスパイスの香りの強くパンチのあるリッチなチキンカレー。
手に入りにくいスパイスもありますが、インド食材店などを探してみてください！

材料（作りやすい分量）

- 鶏モモ肉…500グラム ・玉ねぎ…1個
- トマト…1個 ・ニンニク…2かけ
- ショウガ…1かけ ・青唐辛子…1本
- カレーリーフ…ひとつかみ ・香菜…適量
- 水…少々 ・油…大さじ5 ・塩…小さじ2

ホールスパイス

- マスタードシード…小さじ1
- クミンシード…小さじ1/2
- カルダモン…5個 ・クローブ…5個
- シナモン（セイロンシナモンがベター）
  …3センチ
- スターアニス…1個
- ブラックペッパー…小さじ1/2
- フェンネルシード…小さじ1/2
- メティシード…小さじ1/2
- 赤唐辛子…2本 ・カルパーシ…ひとつまみ

パウダースパイス

- ターメリック…小さじ1/2
- チリパウダー…小さじ1/2
- コリアンダーパウダー…小さじ1
- チェッティナードゥパウダー（P114参照）
  …大さじ2

下ごしらえ

鶏肉は一口大に切る。
玉ねぎは粗みじん切りにする。
トマトは2センチくらいの角切りにする。
ニンニクとショウガはすりおろしてジンジャーガーリックペーストにする。
青唐辛子は切れ込みを入れるか半分に折る。
香菜はみじん切りにする。

作り方

1 鍋に油を入れて中火にかけ、マスタードシードを入れて弾けてきたらメティシードが最後になるようにホールスパイスを入れていく。

2 スパイスの香りが出てきたら玉ねぎを入れて、強火で黄金色になるまでしっかりと炒める。

3 ジンジャーガーリックペースト、青唐辛子、カレーリーフを入れて1分ほど炒める。

4 トマトを入れて潰しながら全体がまとまるように炒める。

5 弱火にして、ターメリック、チリパウダー、コリアンダーパウダー、塩を入れて馴染むように炒める。

6 鶏肉を入れて中火で炒める。

7 火が通ったらチェッティナードゥパウダーを入れて馴染むように炒めて、塩（分量外）で味を整えて完成。

COLUMN

インド映画で
サンドーシャン！

インドの街中いたるところに貼ってある映画ポスター

　インドの灼熱の空の下、街にはインド映画の宣伝看板がたくさん掲げられていて、映画館の前には特大のスターのカットアウト（立て看板）が立ち、入口に人々が吸い込まれていく。インドの映画館の独特の雰囲気が大好きだ。

　ラジニカーント主演の映画に行けば、いきなり画面に飛び出す「SUPER STAR RAJINI」のロゴ。歓声が上がり、指笛で音が聞こえない。満を持して現れるSUPER STAR ラジニカーント。ここで観客のボルテージは最高潮！

　1998 年に日本で公開された『ム

トゥ 踊るマハラジャ』。南インドの美しい景色を舞台に、全てのエモーションが詰め込まれたこの映画は多くの人達に影響を与えて、インドのイメージはすっかり明るく楽しく変わった。関連書籍やグッズが販売されて、テレビ番組でも特集が組まれ、画面にタミル語が踊る程の熱狂だった。前年に初インドに行き、南インドを体験していたぼくは、急に南インドが注目されたことが嬉しいような、何か恥ずかしいような、微妙な気持ちになっていたのだが、映画を観たら圧倒され、すっかりラジニファ

ァンになった。

　少しのタミル語とラジニ映画を知っているだけで、ラジニカーントファンや映画ファンが、とても喜んでくれる。おかげでたくさんのタミル人の友達ができた。まさかのラジニ様ご本人と会うという夢まで叶ってしまった！

　同じくラジニカーント主演映画『ボス その男シヴァージ』の劇中にもあるケーララの虎踊り「プリッカリ」（虎のお面を被り、腹に虎を描いて踊る）をマサラワーラーで真似したことがきっかけで、インドムービーダンスのステージに

インドのスーパースター、ラジニカーント

初日初回上映を待つ興奮気味のヴィジャイファンたち

誘ってもらえた。マサラワーラーを誘ってくれたのは、Mikan先生。バラエティ番組の企画でインド映画を撮る際に南インドから招聘されたダンスマスターBalaさんからダンスを習った人でした。

　初めてダンスをやってみると、全然体が動かず、踊れなすぎて笑ってしまった。それでも先生の熱心なレッスンの甲斐もあり、できない動きができていくのが楽しくて、すっかりハマってしまった。Mikan先生と新しいチームの名前を決めるとき「サンドーシャン」に決まった。サンドーシャンとは

タミル語で「ハッピー」という意味。そういえば、『ムトゥ 踊るマハラジャ』のキャッチコピーは「ウルトラ・ハッピー・大娯楽映画（マサラ・ムービー）」だった。ぼくはインド料理もインド映画もムービーダンスも、いろいろイン

ドカルチャー全般大好きで、いまでもインドカルチャーに関わることができていて、ロンバ・ナンドゥリ（とっても大感謝）！　そして、ロンバ・サンドーシャン（とってもハッピー）！（武田）

Mutton & Beef Recipe

Mutton Kuzhambu

Aattukaal Soup

Mutton Kola Urundai

Beef Kari

マトンコロンブ
Mutton Kuzhambu

スパイスの効いた定番のマトンカレー。パロッタでマトンを挟んで口に入れて目を瞑ると、
瞼の裏にタミルの食堂の風景が浮かび上がります。

材料 （作りやすい分量）

- マトン…500g
- 玉ねぎ…1個　・トマト…1個
- ニンニク…2かけ　・ショウガ…1かけ
- 青唐辛子…1本
- カレーリーフ…ひとつかみ
- 香菜…適量　・油…大さじ4
- 塩…小さじ2

ホールスパイス
- マスタードシード…小さじ1
- クミンシード…小さじ1/2
- カルダモン…5個
- クローブ…5個
- シナモン…2センチ
- ブラックペッパー…小さじ1/2
- フェンネルシード…小さじ1/2
- メティシード…小さじ1/2
- 赤唐辛子…2本
- スターアニス…1個

パウダースパイス
- ターメリック…小さじ1/2
- チリパウダー…小さじ1
- コリアンダーパウダー…大さじ1

下ごしらえ

マトンは一口大に切りよく洗って、圧力鍋に水4カップ
と一緒に入れて柔らかくなるまで煮る。
ゆで汁はマトンスープとしても使えるので、取っておく。
玉ねぎは粗みじん切りにする。
トマトは2センチくらいの角切りにする。
ニンニクとショウガはすりおろしてジンジャーガーリッ
クペーストにする。
青唐辛子は切れ込みを入れるか半分に折る。
香菜はみじん切りにする。

作り方

1　鍋に油を入れて中火にかけ、マスタードシードを入
　　れて弾けてきたらメティシードが最後になるように
　　ホールスパイスを入れていく。

2　スパイスの香りが出てきたら玉ねぎを入れて強火で
　　黄金色になるまで炒める。

3　ジンジャーガーリックペースト、カレーリーフ、青
　　唐辛子を入れて1分ほど炒める。

4　トマトを入れて潰しながら全体がまとまるように炒
　　める。

5　弱火にしてパウダースパイスと塩を入れて馴染むよ
　　うに炒めたら、ゆでたマトンを入れて混ぜ合わせる。

6　塩（分量外）で味を整えて、香菜を散らせて完成。

　＊ドライタイプにするならよく煮詰めて、汁気が多いようにするのであればマトンの茹で汁を足すといいです！

アートゥッカールスープ

Aattukaal Soup

マトンの脛と蹄のスープ。身体が温まります。
パーヤーが手に入らないときはマトンコロンブのゆで汁でも作れます！

材料（作りやすい分量）

- マトンパーヤー（脛と蹄）…2本
- ニンニク…2かけ
- ショウガ…1かけ
- 粗挽きブラックペッパー…小さじ1
- 青唐辛子…1本
- 香菜…適量
- 水…4カップ
- 油…大さじ2
- 塩…小さじ2

パウダースパイス

- ターメリック…小さじ1/2
- チリパウダー…小さじ1/2

下ごしらえ

マトンパーヤーはよく洗って、圧力鍋に水4カップを入れて柔らかくなるまで煮る。
ニンニクとショウガはすりおろしてジンジャーガーリックペーストにする。
青唐辛子は切れ込みを入れるか半分に折る。
香菜はみじん切りにする。

作り方

1 鍋にマトンパーヤーをマトンの茹で汁ごと入れて（またはマトンコロンブのゆで汁）、ジンジャーガーリックペースト、青唐辛子、パウダースパイス、塩を入れて煮込む。
2 煮えたら粗挽きブラックペッパーを入れて混ぜ合わせる。
3 塩（分量外）で味を整えて、香菜を散らせて完成。

マトンコーラーウルンダイ
Mutton Kola Urundai

マトンの丸い団子（マトンの肉団子）という意味の料理。
ごはんのおかずにもお酒のつまみにもなります。
鶏肉や豚、牛など、別のお肉でも美味しく作れます！

材料（作りやすい分量）

- マトン挽肉…300グラム
- 玉ねぎ…1個
- ニンニク…2かけ
- ショウガ…1かけ
- ベサン粉…大さじ2
- パン粉…大さじ4
- 青唐辛子…2本
- カレーリーフ…ひとつかみ
- 香菜…適量
- 油（炒め油用）…大さじ1
- 油（揚げ油用）…適量
- 塩…小さじ1

ミックススパイス

- カルダモン…2個
- クローブ…3個
- シナモン…3センチ
- フェンネルシード…小さじ1
- ブラックペッパー…小さじ1
- テージパッタ…1枚

パウダースパイス

- ターメリックパウダー…小さじ1/4
- チリパウダー…小さじ1

下ごしらえ

ミックススパイスを全てミルで粉にする。
玉ねぎは飾り付け用に少量だけスライスして、残りはみじん切りにする。
ニンニクとショウガはすりおろしてジンジャーガーリックペーストにする。
青唐辛子はみじん切りにする。
香菜はみじん切りにする。

作り方

1　鍋に油を入れて強火にかけ、マトン挽肉、青唐辛子、ジンジャーガーリックペーストを炒める。
2　火が通ったら弱火にしてミックススパイス、パウダースパイス、塩を入れて1分ほど炒める。
3　2の挽肉と、みじん切りの玉ねぎ、香菜をミキサーに入れて滑らかなペーストにして、塩（分量外）で味を整える。
4　3のペーストにベサン粉、パン粉を入れて混ぜたら、ちぎって丸めて一口大の肉団子を作る。
5　鍋に油を入れて180度に熱する。
6　4の肉団子を入れて、表面がクリスピーになるように揚げる。
7　飾り付け用のカレーリーフを揚げて、飾り付け用のタマネギのスライスとを合わせて散らせて完成。

ビーフカリ

Beef Kari

南インドのケーララ州ではビーフもよく食べます。
ココナッツミルクを加えたりしてもオッケー！

材料（作りやすい分量）

- 牛肉（なるべく脂身の少ないもの）
  …500グラム
- 玉ねぎ…1個
- トマト…1個
- ニンニク…2かけ
- ショウガ…1かけ
- 青唐辛子…1本
- カレーリーフ…ひとつかみ
- 水…1/4カップ
- 油…大さじ4
- 塩…小さじ1

牛肉ボイル用スパイス

- ターメリック…小さじ1/2
- チリパウダー…小さじ1/2
- コリアンダーパウダー…大さじ1
- ガラムマサーラー…小さじ1
- 塩…小さじ1

ホールスパイス

- メティシード…小さじ1/2

パウダースパイス

- ターメリック…小さじ1/2

下ごしらえ

玉ねぎは粗みじん切りにする。
トマトは2センチぐらいの角切りにする。
ニンニクとショウガはすりおろしてジンジャーガーリックペーストにする。
青唐辛子は切れ込みを入れるか半分に折る。
牛肉を一口大に切り水でよく洗い、ジンジャーガーリックペースト、牛肉ボイル用スパイス、水1/4カップを入れて圧力鍋で柔らかくなるまで煮る（圧力鍋で蒸気が出てから3〜5分くらい、肉の硬さによって調整）。

作り方

1 鍋に油を入れて中火にかけ、メティシードを入れる。
2 玉ねぎを入れて強火にして茶色くなるまで炒める。
3 ジンジャーガーリックペースト、青唐辛子、カレーリーフを入れて1分ほど炒める。
4 トマトを入れて潰しながら全体がまとまるように炒める。
5 弱火にしてターメリックと塩を入れて馴染むように炒める。
6 圧力鍋で煮た牛肉を茹で汁ごと入れてしっかり混ぜながら煮る。
7 塩（分量外）で味を整えて完成。

タミルの角打ち、タスマック！

タスマックの看板は緑地に白抜き文字。遠くからでもよく目立つ。

「タスマック（TASMAC）」とは、「The Tamil Nadu State Marketing Corporation Limited」の頭文字を繋げたもので、つまりタミル・ナードゥ州政府の経営する酒類の販売公社のこと。他の州でもそれぞれの州の経営する酒類の販売公社がある。

タミル・ナードゥ州では酒屋の看板に大きく「TASMAC」、または「TASMAC BAR」「WINE SHOP」などと書いてあるのですぐわかる。

鉄格子のついた小さなカウンターに男たちが群がり、我先にと酒を買っている。カウンターの脇には小さな入口があり、薄暗くてちょっと小汚い空間で椅子に座って酒を楽しんでいる男たちがいる。女性が立ち入り禁止なわけではないが、堂々と飲む地元の女性はいない。外国人の女性も一人で入るのはかなり勇気がいると思うので、できれば男性と一緒に入るほうが安全。

タスマックでは、酒のアテも用意し

タスマックの正面は防犯のため頑丈な鉄格子で覆われている。

立ち飲みスペース脇では簡易なアテが一皿いくらで売られている。

テーブルの足元には魚の骨や油を吸った新聞紙などのゴミが堆積。

てある。よくあるのはキュウリを切ってレモン汁と黒胡椒、塩を振っただけのグリーンサラダ、ポテトフライ、青唐辛子の効いたオムレツ、スパイシーな鶏の唐揚げのチキン65をはじめとした、ウズラやダックの65、カリフラワーやパニールの65、さらにモツなどの内臓の炒め物を出す店もある。

　現地の人がよく飲んでいるのはラム、ウイスキー、ブランデーなど。これをコーラやミリンダのほか、ローカルなジュースで割って飲んでいるのを見かける。ビールは日本でもおなじみのKing Fisherの他、10000VOLTS SUPER STRONGとかHORSE POWER SUPER STRONGとか、BULLETとか、なんとも強く頼り甲斐のあるかっこいい名前の度数高めのビールもある。

　飲酒が悪いこととされているので、隠れてひっそり飲むような場合が多いが、場所によっては朝から営業していて明るいお店もある。タスマックで軽く食べて飲んで、ちょっと挨拶程度のタミル語で店の人や居合わせたお客さんと話すのはとても楽しい。お酒好きの方はぜひどうぞ！

　ああ、早くインドに行ってタスマックをハシゴしたい！（武田）

Seafood Recipe

Meen Kuzhambu

Kanava Meen Thokku

Eral Thokku

Sura Puttu

Meen Varuval

Nandu Varuval

ミーンコロンブ

Meen Kuzhambu

バシッと酸味のきいたミーンコロンブを米と食べるのは最高です。
レシピ写真はブリですが、サバやイワシなど、どんな魚でも美味しいです。

材料（作りやすい分量）

- ブリ…250 グラム
- 玉ねぎ…1 個
- トマト…1 個
- ニンニク…2 かけ
- ショウガ…1 かけ
- 青唐辛子…1 本
- カレーリーフ…ひとつかみ
- 香菜…適量
- ココナッツミルク…1/2 カップ
- 水…4 カップ
- 油…大さじ 3
- 塩…小さじ 1
- タマリンド…ピンポン玉ぐらい

ホールスパイス

- マスタードシード…小さじ 1
- クミンシード…小さじ 1
- フェンネルシード…小さじ 1
- メティシード…小さじ 1/2

パウダースパイス

- ターメリック…小さじ 1
- チリパウダー…小さじ 1
- コリアンダーパウダー…小さじ 4

下ごしらえ

魚は鱗と内臓を取り、一口大に切る。小さい魚の場合は鱗と内臓をとってまるごとでもよい。
タマリンドは 4 カップの水に溶かしてジュースにする。
玉ねぎはスライスにする。
トマトは 2 センチぐらいの角切りにする。

作り方

1 鍋に油を入れて中火にかけ、マスタードシードを入れて弾けてきたらメティシードが最後になるようにホールスパイスを入れていく。

2 スパイスの香りが出てきたら玉ねぎを入れて強火にして薄茶色になるまで炒める。

3 ジンジャーガーリックペースト、青唐辛子、カレーリーフを入れて 1 分ほど炒める。

4 トマトを入れて潰しながら全体がまとまるように炒める。

5 弱火にしてパウダースパイスと塩を入れて馴染むように炒める。

6 タマリンドジュースを入れて、とろみがつくまで煮たら、魚を入れて火が通るまで煮て、塩（分量外）で味を整える。

7 ココナッツミルクを入れて一煮立ちさせて、香菜を散らせて完成。

　＊作ってから時間を置いたほうが美味しい。ココナッツミルクを入れないバージョンもキリっとして美味しい。

カナヴァミーントック

Kanava Meen Thokku

イカの炒め物です。南インドではイカもよく食べます。
小さいイカならそのまま食べても美味しいです！

材料（作りやすい分量）

- イカ…3杯
- 玉ねぎ…1個
- トマト…1個
- ニンニク…2かけ
- ショウガ…1かけ
- 青唐辛子…1本
- カレーリーフ…ひとつかみ
- 香菜…適量
- 油…大さじ3
- 塩…小さじ1

ホールスパイス
- マスタードシード…小さじ1
- クミンシード…小さじ1/2
- フェンネル…小さじ1/2
- メティシード…小さじ1/2
- 赤唐辛子…2本

パウダースパイス
- ターメリック…小さじ1
- チリパウダー…小さじ1
- コリアンダーパウダー…大さじ1

下ごしらえ

イカの胴はワタと皮を取って、輪切りにする。ゲソがある場合は一口大に切る。
玉ねぎはスライスする。
トマトは2センチぐらいの角切りにする。
ニンニクとショウガはすりおろしてジンジャーガーリックペーストにする。
青唐辛子は切れ込みを入れるか半分に折る。
香菜はみじん切りにする。

作り方

1 鍋に油を入れて中火にかけ、マスタードシードを入れて弾いてきたらメティシードが最後になるようにホールスパイスを入れていく。

2 スパイスの香りが出てきたら玉ねぎを入れて強火で黄金色になるまで炒める。

3 ジンジャーガーリックペースト、青唐辛子、カレーリーフを入れて1分ほど炒めたらトマトを入れて潰しながら全体がまとまるように炒める。

4 弱火にしてパウダースパイスと塩を入れて馴染むように炒める。

5 イカを入れて中火にして炒める。

6 火が通ったら塩（分量外）で味を整えて、香菜を散らせて完成。

イラールトック

Eral Thokku

トックとはタミル語で炒め物の総称です。
濃厚に仕上げた海老のマサーラーで、海老の旨味が大爆発しています！

材料（作りやすい分量）

- 海老（殻を含めて）…400グラム
- 玉ねぎ…1個
- トマト…1個
- ニンニク…2かけ
- ショウガ…1かけ
- 青唐辛子…1個
- カレーリーフ…ひとつかみ
- 香菜…適量
- 油…大さじ3
- 塩…小さじ1

テンパリング用ホールスパイス

- マスタードシード…小さじ1
- クミンシード…小さじ1/2
- ブラックペッパー…小さじ1/2
- フェンネルシード…小さじ1
- メティシード…小さじ1/4
- 赤唐辛子…2本

パウダースパイス

- ターメリック…小さじ1/2
- チリパウダー…小さじ1/2
- コリアンダーパウダー…小さじ2

下ごしらえ

海老は流水でよく洗い殻を剥いて背腸をとっておく。
玉ねぎはスライスする。
ニンニクとショウガはすりおろしてジンジャーガーリックペーストにする。
トマトは2センチぐらいの角切りにする。
青唐辛子は切れ込みを入れるか半分に折る。
香菜はみじん切りにする。

作り方

1 鍋に油を入れて中火にかけ、マスタードシードを入れて弾けてきたらホールスパイスをメティシードが最後になるように入れていく。

2 スパイスの香りが出てきたら玉ねぎを入れて強火で透明になるまで炒める。

3 ジンジャーガーリックペースト、青唐辛子、カレーリーフ、香菜を入れて1分ほど炒める。

4 トマトを入れて潰しながら全体がまとまるように炒める。

5 弱火にしてパウダースパイスと塩を入れて、馴染むように炒める。

6 海老を入れて3～5分くらい炒め煮する。

7 火が通ったら塩（分量外）で味を整えて、香菜を散らせて完成。

スーラープットゥ

Sura Puttu

サメのそぼろ炒めです。他の魚でも代用はできますが、
サメのフワフワな食感は他ではなかなか出ないので、手に入ればぜひサメで作ってみてください。

材料（作りやすい分量）

- サメ…200グラム
- 玉ねぎ…1個
- ニンニク…2かけ
- ショウガ…1かけ
- 青唐辛子…1本
- カレーリーフ…ひとつまみ
- 油…大さじ1
- 塩…小さじ1

ホールスパイス

- マスタードシード…小さじ1/2

パウダースパイス

- ターメリック…小さじ1/2
- チリパウダー…小さじ1/2

下ごしらえ

玉ねぎはスライスする。
ニンニクとショウガはすりおろしてジンジャーガーリックペーストにする。
青唐辛子はみじん切りにする。

作り方

1 鍋に水（分量外）を入れてサメとターメリックを入れてゆでる。

2 ゆであがったらお湯からあげて、サメをそぼろ状にほぐす。

3 鍋に油を入れて中火にかけ、マスタードシードを入れる。

4 マスタードシードが弾けたら玉ねぎを入れて強火で透明になるまで炒める。

5 ジンジャーガーリックペースト、青唐辛子、カレーリーフを入れて1分ほど炒める。

6 弱火にしてチリパウダーと塩を入れて馴染むように炒める。

7 2を入れて中火にして炒める。

8 火が通ったら塩（分量外）で味を整えて完成。

ミーンワルワル

Meen Varuval

南インドの魚のフライです。スパイスもあまり使わないシンプルなレシピ。
アジ以外、サバやイワシなどでも美味しく作れます！

材料（作りやすい分量）

- アジ…1匹
- 玉ねぎ…適量
- レモン汁…適量
- 香菜…適量
- 油…大さじ4

マサーラーペースト

- ターメリック…小さじ1
- チリパウダー…小さじ1
- ニンニク…2かけ
- ショウガ…1かけ
- 塩…小さじ1

下ごしらえ

魚の内臓と鱗をとる。大きい魚は筒切りに、小さい魚は
内臓を取り、切れ目をいれる。
ニンニクとショウガはすりおろしてジンジャーガーリッ
クペーストにする。
玉ねぎはスライスする。
香菜はみじん切りにする。

作り方

1　マサーラーペーストの材料を全て混ぜて、魚にまぶ
　　して1時間ほど寝かせる。
2　鍋に油を入れて中火にして、魚を入れて揚げ焼きす
　　る。
3　片面が焼けたら裏返し、両面を焼く。
4　火が通ったら、玉ねぎ、香菜を散らせて、レモン汁
　　をかけて完成。

ナンドゥワルワル

Nandu Varuval

カニのドライなスパイス炒め。カニの旨味がたまらないです。
作ってから少し時間を置くと味が馴染んでなお美味しくなります！

材料（作りやすい分量）

- ワタリガニ（切りガニ推奨）…500グラム
- 玉ねぎ…1個　・ニンニク…3かけ
- ショウガ…1かけ　・トマト…1個
- 青唐辛子…1本
- カレーリーフ…ひとつかみ
- 香菜…適量
- 油…大さじ3
- 塩…小さじ1

ホールスパイス

- マスタードシード…小さじ1
- フェンネルシード…小さじ1
- メティシード…小さじ1/2
- 赤唐辛子…2本

パウダースパイス

- ターメリック…小さじ1
- チリパウダー…小さじ1
- コリアンダーパウダー…大さじ1

ココナッツペースト

- ココナッツ…1カップ
- ブラックペッパー…小さじ1/2
- クミンパウダー…小さじ1/2

下ごしらえ

カニはよく洗っておく。
玉ねぎはスライスする。
トマトは2センチぐらいの角切りにする。
ニンニクとショウガはすりおろしてジンジャーガーリックペーストにする。
青唐辛子は切れ込みを入れるか半分に折る。
香菜はみじん切りにする。
ココナッツペーストをミキサーに入れて、ミキサーが回るくらいに水（分量外）を入れてペーストを作る。

作り方

1　鍋に油を入れて中火にかけ、マスタードシードを入れて弾けてきたらホールスパイスを入れていく。

2　スパイスの香りが出てきたら玉ねぎを入れて強火で薄茶色になるまで炒める。

3　ジンジャーガーリックペースト、青唐辛子、カレーリーフを入れて1分ほど炒める。

4　トマトを入れて潰しながら全体がまとまるように炒めたら、弱火にしてパウダースパイスと塩を入れて馴染むように炒める。

5　カニを入れて強火にして炒める。

6　火が通ったらココナッツペーストを入れて炒める。

7　塩（分量外）で味を整えて、香菜を散らせて完成。

COLUMN

おれは
オートリクシャー
ドライバー！

インドには3種類のリクシャーがあります。かつて日本から世界中に輸出された人力車が語源です。1つめは人が引く人力車（リクシャー）。2つめは自転車で引くサイクルリクシャー、これはインド中にあります。そして3つめがエンジンで動く自動3輪車のオートリクシャー。現地ではだいたい「オート」と呼ばれています。イタリアのベスパがルーツになっていて、運転方法もベスパと似ています。最近では旅行者がトゥクトゥクと言うのを真似して、インド人でもトゥクトゥクと言う人がいますが、トゥクトゥクはタイの3輪タクシーで、日本のミゼットがルーツです。

観光客をあの手この手でゲットしようと頑張ってるオートドライバーがたくさんいるので、旅行者はどうしても彼らと接する機会がたくさんあります。「子供が病気で、薬も買えない。うちの嫁は路上で客を取っているんだ。君が乗る前におれは自殺を考えていた。あと2000ルピーあれば…」と、深刻な話をしてくるけど彼がビーチで仲間と遊んでいたところをぼくはさっき見ていたよ。他にも「君の行くホテルは去年潰れたんだ、おれの知っているもっと快適で安いホテルを紹介しよう」と、さっき電話したばかりのホテルが潰れたと言ってくるドライバーとか、いろいろいます。

とはいえ、気軽に乗れてあちこち行ってくれるオートは便利です。流しているのを捕まえればボラれることもほとんどないし、そもそもいまはスマホの配車アプリがあるので、そんな交渉も過去の風物詩になりつつあるようです。初めてインドに行ったときから、ぼくはオートの虜になりました。まるっこくて可愛いフォルム。窓もドアもない開放感。軽快に隙間を縫って走るスリル。ドライバーとの交渉や会話も楽しくて、たまにボラれてもなんのそのでした。

そして、重い荷物を担いで帰国し最寄りの駅についたときに「ああ、今オートがあれば！」と、切望します。タクシーより気楽で安くてちょい乗りできるそんな乗り物が日本にもあったらいいなと毎日思っていましたが、その後、まさか自分がオートリクシャーを買うことになり、普段は都内を日常使いで運転したりすることになるとは思いもしませんでした。もし、ぼくが乗っているオートを見かけたら声をかけてみてください。友達がやってる美味しいインド料理店に連れて行きますよ！（武田）

Veggie Recipe

Sambar

Vegetable Kurma

Chettinadu Potato Roast

Masala Kaju

Vegitable Bajji

Uruga

サーンバール

Sambar

サーンバールは、南インドで毎日食べられている、日本でいうみそ汁みたいな料理です。
煮崩した豆と野菜を煮て、タマリンドで酸味をつけます。
ご飯やティファンとともによく食べられています。

材料（作りやすい分量）

- 野菜…300g
  （ナス、インゲン、ウリなど、なんでも）
- ドラムスティック…（あれば）
- 玉ねぎ…1個　・トマト…1個
- タマリンド…ピンポン玉ぐらい
- ニンニク…2かけ
- トゥールダール…1カップ
- 水…2カップ　・油…大さじ3
- 塩…小さじ1

テンパリング用スパイス
- マスタードシード…小さじ1
- クミンシード…小さじ1/2
- メティシード…小さじ1
- ヒング…小さじ1/8　・赤唐辛子…3本
- カレーリーフ…ひとつまみ
- ウラドダール…小さじ1
- チャナダール…小さじ1

パウダースパイス
- ターメリック…小さじ1
- チリパウダー…小さじ1
- サーンバールパウダー（P115 参照）
  …大さじ2

下ごしらえ

玉ねぎはスライスする。
野菜は2センチ角ぐらいに切る。
タマリンドを水に溶かし、タマリンドジュースを作る。
圧力鍋にトゥールダールと水を入れてフタをして強火にかけ、圧力がかかったら弱火にして10分くらい待ち、火を止めて圧力が抜けるまで待つ。

作り方

1　鍋に油を入れて中火にかけ、マスタードシードを入れて弾けてきたらチャナダールとウラドダールを入れて、黄金色になったらメティシードが最後になるようにテンパリング用スパイスを入れていく。

2　スパイスの香りが出てきたら玉ねぎを入れて少し茶色くなるまで炒める。

3　ニンニクとカレーリーフを入れて1分ほど炒める。

4　トマトを入れて潰しながら全体がまとまるように炒める。

5　野菜を鍋に入れて炒める。

6　火が通ったらパウダースパイスと塩を入れて馴染むように炒める。

7　タマリンドジュースとトゥールダールを入れて水を加えて煮る。

8　塩（分量外）で味を整えて完成。

ベジタブルクルマ

Vegetable Kurma

北インドのコルマと意味的には同じで、ナッツ類のペーストを使った濃厚なグレイビー。
パロッタと一緒に食べるのがおすすめです！

材料（作りやすい分量）

- 玉ねぎ…1個　• トマト…1個
- ジャガイモ…2個　• 人参…1本
- インゲン…5本　• カリフラワー…1/4個
- グリーンピース…1/2カップ
- ニンニク…2かけ
- ショウガ…1かけ
- カレーリーフ…ひとつかみ
- 水…1カップ
- 油…大さじ3
- 塩…小さじ1

クルママサラ
- ココナツファイン…1カップ
- ポピーシード（水につけて戻しておく）…1/4カップ
- 青唐辛子…1本　• カシューナッツ…1/4カップ

テンピリングスパイス
- クミンシード…小さじ1/2
- カルダモン…2個
- クローブ…2個
- シナモン…2センチ
- フェンネル…小さじ1
- テージパッタ…1枚

パウダースパイス
- ターメリック…小さじ1/2
- チリパウダー…小さじ1/2
- コリアンダー…小さじ1

下ごしらえ

クルママサラは水（分量外）を加えてミキサーに入れてペーストにする。
玉ねぎはスライスに切る。
玉ねぎ以外の野菜は1センチ角に切る。
ニンニクとショウガはすりおろしてジンジャーガーリックペーストにする。

作り方

1　鍋に油を入れて中火にかけ、ホールスパイスを入れる。
2　スパイスの香りが出てきたら玉ねぎを入れて強火で少し茶色くなるまで炒める。
3　ジンジャーガーリックペースト、カレーリーフを入れて1分ほど炒める。
4　トマトを入れて潰しながら全体がまとまるように炒める。
5　弱火にして、パウダースパイスと塩を入れて、スパイスが馴染むように炒める。
6　野菜と水を入れて煮て、火が通ったらクルママサラを入れて少し煮込む。
7　塩（分量外）で味を整えて完成。

チェッティナードゥポテトロースト

Chettinadu Potato Roast

じゃがいものスパイス炒め。風味は異なりますが、
チェッティナードゥパウダーの代わりにサーンバールパウダーを使っても美味しくできます！

材料（作りやすい分量）

- じゃがいも…500 グラム
- 玉ねぎ…1/2 個
- ニンニク…2 かけ
- ショウガ…3 センチ
- カレーリーフ…ひとつかみ
- 油…大さじ 2
- 塩…小さじ 1

テンパリング用スパイス

- マスタードシード…小さじ 1
- ウラドダール…小さじ 1
- チャナダール…小さじ 1

パウダースパイス

- ターメリック…小さじ 1/2
- チェッティナードゥパウダー（P114 参照）
  …大さじ 1

下ごしらえ

じゃがいもの皮をむいて 2 センチくらいの角切りにして、鍋に水（分量外）とターメリックと塩（分量外）を入れて、じゃがいもを茹でる。
玉ねぎはスライスに切る。
ニンニクとショウガはすりおろしてジンジャーガーリックペーストにする。

作り方

1　鍋に油を入れて中火にかけ、マスタードシードを入れて、弾けてきたらウフドダールとチャナダールを入れる。
2　スパイスの香りが出てきたら玉ねぎを入れて強火にして透明になるまで炒める。
3　ジンジャーガーリックペースト、カレーリーフ、塩を入れて 1 分ほど炒める。
4　茹でたじゃがいもを加えて 4 〜 5 分ほど弱火で炒める。
5　チェッティナードゥパウダーを入れて、よく馴染むように炒めてから蓋をして、2 分ほどローストする。
6　塩（分量外）で味を整えて完成。

マサーラーカジュー

Masala Kaju

お酒のおつまみにバッチリ、カシューナッツのスパイス揚げ。
無限に食べられます！

材料（作りやすい分量）

- カシューナッツ…１カップ
- ベイスン粉…大さじ３
- 米粉…大さじ１
- カレーリーフ…ひとつまみ
- 塩…小さじ１

パウダースパイス

- ターメリック…小さじ 1/4
- チリパウダー…小さじ 1/4
- ヒング…小さじ 1/8
- チャートマサーラー…少々

下ごしらえ

ボウルにカレーリーフ以外の全ての材料とパウダースパイスを入れて混ぜる。
少量ずつ水（分量外）を入れて、カシューナッツにまとわりつく濃度にしておく。

作り方

1　鍋に油を入れて、約180度に熱する。
2　カシューナッツを入れてゴールデンカラーになるよう揚げる。
3　カレーリーフも揚げて、カシューナッツに振りかけて塩（分量外）で味を整えて完成。

ベジタブルバッジ

Vegetable Bajji

豆の粉の衣をつけた野菜の天ぷらストリートの定番。
今回はナスで作っていますが、インドではナスを始め、玉ねぎ、ピーマンなどのバッジがあります。
いろいろな野菜で作ってみてください。

材料 (作りやすい分量)

- ナス…1本
- 揚げ油…適量

衣用

- ベイスン粉…1カップ
- 米粉…1/2カップ
- ターメリック…小さじ1
- チリパウダー…小さじ1
- ヒング…小さじ1/4
- 水…1カップ
- 塩…小さじ1

下ごしらえ

ナスは縦に5ミリほどのスライスにする。玉ねぎはスライスにしておく。
衣用材料をボウルに入れて混ぜ合わせる。ホットケーキのタネくらいのねっとり感に仕上げる。

作り方

1 スライスしたナスに衣をつける。
2 鍋に油を入れて火にかけ、約180度に熱する
3 鍋に熱した油に衣をつけた野菜を入れてこげ茶色になるくらいしっかり揚げて完成。

ウルガ

Uruga

スパイス油漬けの塩っぱくて辛いピックル。ごはんが何杯でも食べられます。
食事の締めのカードライス（ヨーグルトご飯）に少しまぜると抜群。
ナス、ゴーヤなどいろいろな食材で作れます。
ちょこっと食べる漬け物なので、塩っぱすぎ、辛すぎぐらいでちょうどいいです！

材料（作りやすい分量）

- 野菜（ナス、ゴーヤなど）…200gぐらい
- レモン汁…大さじ1
- 油…1カップ
- 塩…大さじ1

ホールスパイス
- マスタードシード…小さじ1
- メティシード…小さじ1
- カレーリーフ…ひとつかみ

パウダースパイス
- ターメリック…大さじ1
- チリパウダー…大さじ1
- ヒング…小さじ1
- マスタードメティパウダー…小さじ2

下ごしらえ

野菜は2センチぐらいの大きさにカットする。
フライパンを弱火にかけ、マスタードシード小さじ1と
メティシード小さじ1を入れて香りが出るまで温めて、
粗熱を取ったらミルでパウダーにしておく。

作り方

1 鍋に油を入れて中火にかけ、カレーリーフを入れる。
2 すぐに切った野菜を入れて火が通るまで炒める。食感を残したい野菜の場合は炒めすぎないように注意する。
3 弱火にして、パウダースパイスと塩とレモン汁を入れてよく混ぜる。
4 冷ましたら清潔な瓶に入れて冷蔵庫で保存しておく。

COLUMN

結婚式の食事風景

ナーダスワラムとタヴィルの演奏で結婚式を盛り上げる。

インドには宗教が沢山あります。ヒンドゥー教、イスラーム教、キリスト教、シク教、仏教、ジャイナ教などなど。宗教によって結婚式のスタイルも少しづつ変わっていきます。ぼくが参加したことのあるヒンドゥー教の結婚式はどんなものだっかのかを書いてみます。

インドの結婚式は、基本的には招待されて行くものですが誰が行っても入れてくれるオールウェルカムなスタイルが一般的で、喜んで迎え入れてくれます。結婚式は

相当長く、朝から晩までずっと行われます。だから列席者の方々は自分のタイミングで現れて、自分のタイミングで帰って行きます。

結婚式はもの凄く派手で、親族は相当な金額を使っておもてなしをしてくれます。結婚式には演奏をするミュージシャンも集まり神様に捧げる曲を演奏していきます。チャルメラのようなダブルリードの楽器のナーダスワラムと皮を硬く張った強烈な音がする寸胴の両面太鼓のタヴィルを大音量で演奏

しています。結婚式に関わらず、このナーダスワラムとタヴィルはお祭りなどでは必ず演奏しているので、この音が聞こえてくると何かやっているなと感じてしまいます。ナーダスワラムとタヴィルがバンバン演奏されている中、結婚式は行われていきます。スワーミ（僧侶）がヒンドゥー式に進めていく間もミュージシャンはガンガン演奏しています。正直、相当長いです。結婚式の食事は無料で食べられます。仕事柄というか、気

結婚式の調理を任されているケータリング部隊。こちらは屋内。

屋外ケータリング調理はマサラワーラーも大好き。

になるのが食事を作ってるケータリング部隊。ケータリングは1000人規模の食事を作るので、

大人数で屋内野外関係なしにバンバン作っていきます。食材から機材まですべて持参。これは必見。適当な時間になると食堂にバナナの葉が引かれて、そこにどんどんティファンが乗せられていきます。イドゥリ、ワダ、インドの国旗の色になった3色のウッタッパンなど華やかで綺麗です。いらないと言うまでどんどんサーブされます。バナナの葉を畳んだらごちそうさまとなります。

食事を終えると帰る人もたくさんいますが、ぼくは食事後もそこにいて、3〜4時間が経って演奏が終わったところでまた食事に行ったら、なんとメニューが変わっていました。美味しくいただいてごちそうさま。まだ結婚式は続いていますが、そろそろ帰ることに。

インドの結婚式は本当にオールウェルカムです。ナーダスワラムとタヴィルの音が聞こえたら、何か結婚式が行われているかもしれません。耳も敏感にさせて、ぜひ参加してみてください！（鹿島）

Others Recipe

Parotta

Medu Vada

Coconut Chutney

Kaara Chutney

Molaga Podi

Mutate Varuval

Karandy Omlette

Half Boiled

パロッタ

parotta

無発酵の平焼きデニッシュ。肉料理やベジクルマのようなこってりした料理とよく合います。台に油をたっぷりと塗って作る、インドのレストランスタイルのパロッタです！

作り方

生地をこねて
小さく分ける.

材料（作りやすい分量）

- マイダ（なければ強力粉）…1カップ
- 水…1/2カップ
- 油…大さじ2
- 油…小さじ1（生地に練り込む用）
- 油…適量（台と生地に塗る用）
- 塩…小さじ1

1　マイダに塩、油（小さじ1）を入れて少しずつ水を注ぎ、ざっくり混ぜる。

2　よくこねて、油を生地に塗り30分ほど寝かせる。

3　寝かせた後に温泉饅頭くらいの大きさに分けて、また10分ほど寝かせる。

4　台にたっぷりと油を塗って、生地を台に叩き
　　つけながら薄く伸ばしていく。

5　生地を半分に切って、手のひらの上で渦巻き
　　状に巻く。

6　鍋に油（大さじ2）を入れて、平たくつぶし
　　て両面を焼く。

7　焼いた後は2〜3枚を重ねて上下左右から両
　　手でバンバン叩いて層をつくり完成。

パロッタにはさまざまなスタイルが！

パロッタは同じ南インドでも地域ごとに特徴があります。たとえばタミル・ナードゥ州とケーララ州ではパロッタの作り方も違い、今回のレシピのタミルのパロッタはきっちりと揚げるような仕上がりで、ケーララのパロッタはフワフワでソフトな仕上がり。どちらも甲乙つけがたく美味しいです。タミルではハーフボイルドをよく付けますが、ケーララでハーフボイルドはほとんど付けません。いろいろ違いを調べていくのも楽しいです！

メドゥワダ

Medu Vada

ワダはティファンの代表格。これで 10 個分ぐらい作れます。
ウラドダールで作るドーナツ型のワダで、もっともよく見るワダです。
サーンバールやチャトニと一緒に食べましょう！

材料（作りやすい分量）

- ウラドダール…2 カップ
- ショウガ…1 かけ
- マスタードシード…小さじ 1
- コリアンダーシード…小さじ 1
- ブラックペッパー…小さじ 1
- ヒング…小さじ 1/2
- 青唐辛子…1 本
- 香菜…適量
- 揚げ油…適量
- 塩…小さじ 1

下ごしらえ

ショウガはみじん切りにする。
青唐辛子はみじん切りにする。
香菜はみじん切りにする。
ウラドダールをたっぷりの水に 3 ～ 4 時間つけておく。

作り方

1 つけておいたウラドダールをミキサーにかける。
2 できたペーストを容器に移して、よく混ぜて空気を含ませる。
3 ボウルに全ての材料を入れてよく混ぜて、塩（分量外）で味を整える。
4 鍋に油を入れて 180 度に熱する。
5 手を水で濡らして、ワダの生地を手のひらに乗せて直径 7 ～ 8 センチくらいの円盤状に成形したら中央に穴を空けて、そっと鍋に入れる。
6 両面しっかりと黄金色に揚がったら完成。

ココナッツチャトニ

Coconut Chutney

チャトニはティファンと一緒に食べると美味しいです。
万能的なつけダレ、ディップのようなものです。

材料（作りやすい分量）

- ココナッツファイン…1カップ
- ココナッツミルクパウダー…大さじ1
- ニンニク…1かけ
- タマリンド…パチンコ玉くらいの大きさ
- 水…適量
- 油…大さじ1
- 塩…小さじ1

テンパリングスパイス
- マスタードシード…小さじ1
- メティシード…小さじ1
- ウラドダール…小さじ1
- チャナダール…小さじ1
- 赤唐辛子…2本
- カレーリーフ…ひとつまみ
- ヒング…小さじ1/4

作り方

1　ココナッツファイン、ココナッツミルク、タマリンド、ニンニク、塩をミキサーに入れて、スムーズにミキサーが回るぐらい水を入れて、混ぜ合わせる。

2　鍋に油を入れて、マスタードシードを入れて弾けてきたらクミンシード、ウラドダール、チャナダールを入れて軽く色づいたら赤唐辛子、ヒング、メティシードを入れて、最後にカレーリーフを入れる。

3　2を1で作ったココナッツに混ぜ合わせて完成。

カーラチャトニ

Kaara Chutney

玉ねぎ、トマトを使った少し辛めのチャトニです。
イドゥリやドーサなどのティファンにバッチリ合います！

材料（作りやすい分量）

- 玉ねぎ…1個
- トマト…1個
- ニンニク…2かけ
- ショウガ…1かけ
- 赤唐辛子…2本
- チャナダール…大さじ2
- ウラドダール…大さじ2
- タマリンド…パチンコ玉くらいの大きさ
- 水…少量
- 油…大さじ3
- 塩…小さじ1

テンパリングスパイス
- マスタードシード…小さじ1
- ヒング…小さじ1/4
- カレーリーフ…ひとつかみ
- 赤唐辛子…2本

下ごしらえ

玉ねぎはスライスする。
トマトは1センチぐらいの角切りにする。
ニンニクとショウガはすりおろしてジンジャーガーリックペーストにする

作り方

1 鍋に油を入れて中火にかけ、チャナダール、ウラドダールを色づくまで炒める。
2 色づいたらチリ、玉ねぎ、ニンニクショウガを入れて炒める。
3 トマトを入れて潰しながら全体がまとまるように炒める。
4 タマリンド、塩を入れて馴染むように炒める。
5 粗熱を取りミキサーに入れて、少量の水を加えてペーストにしたら、塩（分量外）で味を整える。
6 鍋に油（テンパリング用、分量外）を入れて中火にかけ、マスタードシードを入れて弾けてきたら他のテンパリングスパイスを入れる。
7 スパイスの香りが出たら作ったペーストに混ぜ合わせて完成。

モラガポディ
Molaga Podi

スパイスと豆の粉。そのままふりかけとしてごはんにかけたり、
ギーか油（太白ごま油がおすすめ）と混ぜてごはんやティファンにつけて食べると美味しいです！

材料（作りやすい分量）

- ウラドダール…1/2 カップ
- チャナダール…1/2 カップ
- ニンニク…2 かけ
- 赤唐辛子…5 本
- 白ごま…大さじ 1
- ヒング…小さじ 1/2
- カレーリーフ…ひとつかみ
- 塩…小さじ 2

作り方

1. 鍋に油を入れて弱火にかけ、ウラドダールとチャナダールを入れて温める。
2. 少し薄く色付くくらいに火が通ったら他の材料を入れる。
3. スパイスの香りが出てきてカレーリーフが揚がったら火を止めて冷ます。
4. ミルミキサーで粉にしてから、塩（分量外）で味を整えて完成。

ムッタイワルワル

Mutate Varuval

ゆでたまごのスパイス炒め。たまごを潰しながら食べ進めていくと美味しいです！

材料（作りやすい分量）

- たまご…4個
- 玉ねぎ…1個
- ニンニク…1かけ
- ショウガ…1かけ
- カレーリーフ…ひとつかみ
- 油…大さじ4
- 塩…小さじ2

テンパリング用スパイス

- スタードシード…小さじ1
- フェンネルシード…小さじ1
- 赤唐辛子…2本

パウダースパイス

- ターメリック…小さじ1
- チリパウダー…小さじ1

下ごしらえ

たまごはゆでて殻をむいておく。
玉ねぎはスライスする。
ニンニクとショウガはすりおろしてジンジャーガーリックペーストにする。

作り方

1　鍋に油（大さじ2）を入れて中火にかけ、ゆでたまごを入れて、表面がきつね色になるまで転がしながら炒める。

2　別の鍋に油（大さじ2）を入れて中火にかけ、マスタードシードを入れて弾けてきたら他のホールスパイスを入れる。

3　スパイスの香りが出てきたら玉ねぎを入れて強火でしっかり茶色くなるまで炒める。

4　ジンジャーガーリックペーストとカレーリーフを入れて1分くらい炒める。

5　弱火にしてパウダースパイスと塩を入れて馴染むように炒める。

6　1のたまごを入れて混ぜ合わせ、塩（分量外）で味を整えて完成。

カランディオムレツ

Karandy Omlette

カランディはタミル語でおたまのことで、テンパリングカダイやおたまで作ったオムレツのこと。
まとめて作ったりもしましょう！

材料（作りやすい分量）

- たまご…1個
- 玉ねぎ…1/8個
- みじん切りショウガ…小さじ1
- 青唐辛子…1/2本
- カレーリーフ…2枚
- 香菜…適量
- 油…大さじ1
- 塩…ひとつまみ

パウダースパイス
- ターメリックパウダー…小さじ1/4
- チリパウダー…小さじ1/4
- ヒング…小さじ1/8

下ごしらえ

玉ねぎ、青唐辛子、香菜はみじん切りにする。

作り方

1 たまご、玉ねぎ、ショウガ、パウダースパイス、塩、カレーリーフをボウルに入れてよくかき混ぜる。
2 熱したおたまに油を入れて、1を入れて回しながら焼いて完成。

ハーフボイルド
Half boiled

日本でもおなじみ目玉焼きはインドでもよく食べます。作り方も日本と同じ。
実はなにかスパイスを入れるのではと思うでしょうがとくに使わず半熟気味にして、
パロッタと一緒に食べるのがおすすめ！

材料（作りやすい分量）

- たまご…1個
- 粗挽きブラックペッパー…適量
- 香菜…適量
- 油…小さじ1

下ごしらえ

ブラックペッパーをミルで粗挽きにする。
たまごは割ってボウルに入れておく。

作り方

1　鍋に油を入れて中火にかけ、たまごをそっと入れる。
2　たまごの黄身が半熟になるぐらいまで焼いたら、ブラックペッパーと香菜を振りかけて完成。

COLUMN

インドのお祭り

テイヤムというお祭りで、バガヴァティに神が宿る瞬間。

とにかくド派手なインドのお祭り。もし食事に興味があってインド旅行することになったとしたら、絶対に参加してほしいです。お祭りもまた美味しい食事にもありつけますし、インドの凄さを感じられます。たとえば、ケーララ州の北部、マラバール地方で主に行われているテイヤムというお祭り。

ヒンドゥー文化以前のお祭りで演戯を濃厚に残したものといわれ、土着の宗教の上にヒンドゥー教が入った為に、ヴィシュヌやカーリーやシヴァなども現れたりもします。お祭りのシーズンは１月頃で、

３月の後半にもなるとシーズンは終盤を迎えます。

バガヴァティとは女神のことで、男性が女性のメイキャップをしていき、メイク完了時に鏡をじっと見つめて、自分に神が宿ったのを確認してから女神になって踊ります。

このテイヤムには無料で食べられるキャンティーンがあります。キャンティーン前には長蛇の列。食事は質素ですがレストランでは味わえない美味しさがあります。豆と野菜の煮込み、野菜炒め、豆と野菜の和物などが乗っていて、

それをワシワシと食べていく。これがまた、キャンティーンの雰囲気と相まって美味しいんです。この感じはレストランではなかなか体験できません。

タミル・ナードゥ州の一番大きなお祭りは、１月の中旬に行われるポンガル。その日はお米と豆を

自宅の前でサッカライポンガルを沸かしている家族。

テイヤムのキャンティーンで食べたごはん。これが無料。

甘く炊くサッカライポンガルが各家庭で作られます。お祭りの名前もポンガル、食事もポンガル。この日に住宅地を歩いていて、家の外でポンガルを作っている人に「ハッピーポンガル」と声をかけると、「食べていきなさい」とポンガルがもらえます。ポンガルは甘くて美味しいんですが、甘いのでしょっぱい物が食べたくなるという贅沢な悩みもあるんですが、そんなときに塩味のヴェンポンガルを作ってるおじさんがタイミングよくいたりもします。ヴェンポンガルはホテルの朝ごはんやレストランでも食べられたりします。ほかにもジャリカットゥという牛追いのようなエンターテイメントで、飛び出してくる牛のコブに捕まって乗りこなせたら商品がもらえるお祭りがあったり、村の芸能などはたくさんありますし、そこでもミールスが食べられたり屋台の揚げ物を食べられたり、パルミラ椰子を割ってもらい水を飲んだり、フルーツを食べたりすることもできますし、楽しみ方はいろいろです、ぜひインドでは各地のお祭りでを楽しんでください！

（鹿島）

Rice Recipe

Hyderabadi Kacchi Chicken Biryani

Malabar Kallumakkaya Biryani

Tamarind Rice

Lemon Rice

ハイデラバーディーカッチチキンビリヤーニ
Hyderabadi Kacchi Chicken Biryani

ハイデラバードはビリヤーニが名物となっている都市でもあります。
マリネしたチキンとバスマティライスを蒸したハイデラバーディー式のビリヤーニ、
シンプルに美味しいです！

材料（作りやすい分量）

- バスマティライス…3 カップ
- 鶏肉…500 グラム
  （できれば骨つきの丸鶏、
  　モモ肉などをブツ切り）
- 玉ねぎ…1 個
- 水…1/2 カップ
- ガラムマサーラー…小さじ 1/2
- パプリカパウダー…小さじ 1/2
- サフラン…1 グラム
- 香菜…ひとつかみ
- ミントの葉…ひとつかみ
- ギー…大さじ 1
- 油…大さじ 2

マリネペースト用材料
- ニンニク…2 かけ
- ショウガ…1 かけ
- ターメリック…小さじ 1/2
- シャヒジーラ…小さじ 1
- 青唐辛子…1 本
- ヨーグルト…1 カップ
- レモン汁…大さじ 1
- 油…大さじ 4
- チリパウダー…小さじ 1/2
- パプリカパウダー…小さじ 1
- ガラムマサーラー…小さじ 1
- 塩…小さじ 1

バスマティを茹でる時の材料
- 水…8 カップ以上（米が膨らんでもいいように、多め）
- 塩…水に入れて塩辛くなる量
- 油…小さじ 1
- テージパッタ…1 枚
- カシアシナモン…1 本
- クローブ…5 個　　• カルダモン…5 個
- ブラウンカルダモン…1 個
- メース…2 個
- シャヒジーラ…小さじ 1/2

下ごしらえ

玉ねぎはスライスする。

香菜はみじん切りにする。

ミントは手でちぎっておく。

鶏肉は一口大に切っておく。

サフランは水に浸しておく。

鍋に油を入れて強火にし、玉ねぎを濃い小金色から茶色いぐらいにクリスピーになるまで揚げる。

揚げた玉ねぎと油をマリネ用材料とよく混ぜて、塩で味を整えたあと鶏肉も入れて混ぜ合わせ、2時間から一晩冷蔵庫に入れてマリネする。

作り方

1　バスマティライスをよく洗い、水に 30 分くらい浸しておく。

2　鍋に水を入れてバスマティをゆでる時の材料をすべて入れる。

3　少し塩辛いぐらいに塩味を調整して、強火にして沸騰させる。

4　浸しておいたバスマティライスの水を切って鍋に入れる。

5　バスマティライスに 70％ぐらい（芯が残るぐらい）火が通ったらザルにあげる。

6　なるべく底が厚く幅広い鍋に油、マリネした揚げ玉ねぎ、ミント、香菜の半分を入れてか

ら鶏肉を均等に並べる。

7　バスマティライスを乗せて均等にして、残りの揚げ玉ねぎ、ミント、香菜を入れる。

8　油、サフランミルク、ガラムマサーラー、パプリカパウダーを全体に散らせる。

9　アルミホイルで鍋の口を覆い、その上に蓋を乗せる。

10　中火で 20 分、その後弱火で 15 分ぐらい火を入れる。

11　火を止めて 20 分ぐらいしたら蓋を開けて、鶏肉に火が通っていたら香菜を散らせて完成。

マラバールカルマッカヤビリヤーニ

Malabar Kallumakkaya Biryani

香り米を使った北ケーララで食べられる、肉、魚、貝、野菜などあらゆるもので作る米料理です。
ここではムール貝を使ったビリヤーニですがいろんな具材で試してください！

材料（作りやすい分量）

- カイマライス…4 カップ
  （なければ、ソナマスーリ、
  チニグラ、バスマティなどで）
- 水…5 カップ
- フライドオニオン…1 カップ
- カシューナッツ…1/2 カップ
- ギー（精製バター）…大さじ 3
- レーズン…大さじ 2
- カレーリーフ…ひとつかみ
- 香菜…1 束
- 塩…小さじ 2

ホールスパイス
- カルダモン…5 粒
- スターアニス…2 粒
- シナモン…2 cm
- ブラックペッパー…小さじ 1/2
- フェンネルシード…小さじ 1/2

グレイビー用材料
- ムール貝（殻を含めて）…1 キロ
- 玉ねぎ…2 個
- トマト…2 個
- ニンニク…2 かけ
- ショウガ…1 かけ
- 青唐辛子…1 本
- カレーリーフ…ひとつかみ
- 香菜…適量
- 塩…小さじ 1
- 油…大さじ 3

マリネ用スパイス
- ターメリック…小さじ 1/2
- チリパウダー…小さじ 1/2
- フェンネルパウダー…小さじ 1
- 塩…小さじ 2/3

グレイビー用ホールスパイス
- マスタードシード…小さじ 1
- クミンシード…小さじ 1
- メティシード…小さじ 1/4
- フェンネルシード…小さじ 1
- 赤唐辛子…1 本

パウダースパイス
- ターメリック…小さじ 1/2
- チリパウダー…小さじ 1/2
- ガラムマサラ…小さじ 1

下ごしらえ

玉ねぎはスライスに切る。
ニンニクとショウガはすりおろしてジンジャーガーリックペーストにする
香菜はみじん切りにする。
ムール貝を水でよく洗い貝の中の汚れを取る。
ボウルにムール貝とマリネ用の材料を合わせて 30 分置いておく。

作り方

1 鍋に油を入れて中火にかけ、グレイビー用ホールスパイスを入れる。

2 スパイスの香りが出てきたら玉ねぎを入れて強火で透明になるまで炒める。

3 ジンジャーガーリックペースト、青唐辛子、カレーリーフを入れて1分ほど炒める。

4 トマトを入れて潰しながら全体がまとまるように炒める。

5 弱火にしてパウダースパイスと塩と香菜を入れて、スパイスが馴染むように炒める。

6 マリネしたムール貝を入れて5分ほど煮る。

7 塩（分量外）で濃いめの味に整える。

8 別の鍋にギーを入れて中火にかけ、ホールスパイスを入れる。

9 スパイスの香りが出てきたら洗った生米を入れてギーが全体に行き届くぐらいに軽く炒める。

10 塩と水を入れて蓋をして炊く。

11 別のフライパンでカシューナッツとレーズンを炒める。

12 米が炊けたら一度全部ボウルなどに移しておく。

13 鍋にギーとグレイビーを入れてその上に米、フライドオニオン、カシューナッツ、香菜、レーズン、グレイビー、米と、層状に重ねていく。

14 蓋をして弱火で30分ほど蒸したら完成。

タマリンドライス
Tamarind Rice

タマリンドで味付けした酸味のあるまぜごはん。
お弁当や、お寺でのプラサーダム（供物）としてもよく作られます。

材料（作りやすい分量）

- バスマティライス…3合
- タマリンド…大きな飴玉ぐらいのサイズ
- 油…大さじ1
- 塩…小さじ1/4
- 水…1カップ

テンパリング用材料
- マスタードシード…小さじ1
- 赤唐辛子…3本
- チャナダール…小さじ1
- ウラドダール…小さじ1
- ヒング…小さじ1/4
- ピーナッツ…1/2カップ
- カレーリーフ…ひとつまみ

パウダースパイス
- ターメリック…小さじ1

下ごしらえ

バスマティライスを炊飯器で炊く。その際、ターメリック、塩も加える。
タマリンドを水に溶かしタマリンドジュースを作る。その際に出てきた種やゴミは取っておく。

作り方

1 鍋に油を入れて中火にかけ、マスタードシードを入れて弾けてきたら、赤唐辛子、チャナダール、ウラドダール、ヒング、ピーナッツを入れる。
2 ダールが黄金色になってきたらカレーリーフを入れる。
3 2にタマリンドジュースを加えて、とろみが出るまで中火にかける。
4 とろみができたら、炊き上がったバスマティライスに入れてよく混ぜる。
5 塩（分量外）で味を整えて完成。

レモンライス

Lemon Rice

炊き上がった米にグレイビーをかけて作る混ぜご飯です。
レモンの酸味で防腐効果もあるので駅などでもよく売られていて電車の中で食べたりします。

材料（作りやすい分量）

- バスマティライス…3合
- レモン果汁…大さじ2
- ピーナッツ…1/2カップ
- ショウガ…1かけ
- 青唐辛子…1本
- カレーリーフ…ひとつまみ
- 油…大さじ2
- 塩…小さじ1

テンパリングスパイス

- マスタードシード…小さじ1
- クミンシード…小さじ1/2
- メティシード…小さじ1/2
- 赤唐辛子…2本
- ウラドダール…小さじ1
- チャナダール…小さじ1

パウダースパイス

- ヒング…小さじ1/4
- ターメリック…小さじ1/2

下ごしらえ

バスマティライスは炊飯器で炊く。
ショウガはすりおろす。
青唐辛子はみじん切りにする。

作り方

1　鍋に油を入れ中火にかけ、マスタードシードを入れる。弾けてきたらチャナダール、ウラドダールを入れる。

2　ダールが黄金色になったら他のテンパリングスパイスを入れる。

3　ショウガ、青唐辛子、カレーリーフ、ピーナッツ、レモン果汁、塩を入れて1分ほど炒める。

4　パウダースパイスと塩を入れて馴染むように炒める。

5　塩（分量外）で味を整えて、できあがったグレイビーを炊いたご飯に混ぜ合わせて完成。

＊サーンバールやチャトニといっしょに食べるととても美味しいです。塩が足りなければ最後に足して整えると失敗しませんがサーンバールなどもかけたり他のおかずとも合わせたりするのであまり塩っぱ過ぎないように作るのがポイント！

ミックススパイスの作り方

マサラワーラー推奨のオリジナルミックススパイスです。
今回のレシピに載っているもの以外にもいろいろと使えますし、
保存も効きますので料理をする前に準備しておきましょう！

チェッティナードゥパウダー

Chetthinadu Powder

材料（作りやすい分量）

- マスタードシード　小さじ1
- クミンシード　小さじ1
- コリアンダーシード　小さじ1
- メティシード　小さじ1/2
- フェンネルシード　小さじ1/2
- カルダモン　3個
- クローブ　3個
- セイロンシナモン　3センチ
- スターアニス　2個
- ポピーシード　小さじ1
- テージパッタ　1枚
- ココナッツファイン　大さじ2

作り方

フライパンにチェッティナードゥパウダー用スパイスを入れ弱火で乾煎りする。そのときは焦がさないように注意して、香りが立ったら火を止めて、少し冷ましてからミルでパウダーにしておく。

サーンバールパウダー

Sambar Powder

材料（作りやすい分量）

- マスタードシード　小さじ1
- クミンシード　小さじ1
- コリアンダーシード　小さじ5
- ブラックペッパー　小さじ2
- メティシード　小さじ1
- フェンネルシード　小さじ1
- チャナダール　小さじ1
- ウラドダール　小さじ2
- 赤唐辛子　1本
- 生米　小さじ1

作り方

フライパンにチェッティナードゥパウダー用スパイスを入れ弱火で乾煎りする。そのときは焦がさないように注意して、香りが立ったら火を止めて、少し冷ましてからミルでパウダーにしておく。

＊ミックススパイスは対比なので、作りたい量を作って清潔な瓶などに入れて保存しておきましょう。
　だいたい1か月ぐらいは使えます！

COLUMN

都道府県魅力度
ランキング
最下位常連茨城県

毎年誰に頼まれたわけでもなく行われている都道府県魅力度ランキング調査、ぼくが住んでいる茨城県はみなさんご存知の通り、毎年最下位常連県。とはいえ茨城県民もすっかり慣れっこになっていて、むしろそこに魅力を感じているほどです。

しかし、南アジアフォロワーにとって、茨城県ほど魅力的な県はありません。茨城県はパキスタン人を筆頭にパンジャーブ人、スリランカ人がたくさん住んでいます。そうすると、その人達の文化は発展します。イスラーム教の人達は如実に食事の面で苦労するので、ハラールショップやハラールレストランも発展していきます。モスクもたくさん出来て、さらに人が集まってコミュニティーが出来上がります。だからハラールレストランは日本人顧客を取らなくても成り立つので、本場の料理を出すお店だらけになり、南アジア料理好きには堪らない場所になっています。

特に、茨城県西部にはパキスタン人、北インド人、スリランカ人、バングラデシュ人が多く住んでい

多国籍なお店が連なるショッピングモールの亀仙人街。

ます。坂東市にはパミールマートを始めチャスカ、金曜日のお昼だけオープンするチャプリカバーブ屋など、日本にいることを忘れさせてくれる場所がたくさんあり、境町にはなんとシク教のお寺のグルドワラもあります。古河市や境町にはインドのパンジャーブ人がたくさん住んでいるから、パンジャーブ料理を出すパンジャーブダバもあります。そして、ぼくがよく買い物をしているバングラデシュ人店主のお店、FATIHAH

HALAL FOODはラマダーン期間は簡易モスクを作り、バングラデシュ人が集まりお祈りやイフタールも行ったりもします。また、常総市、下妻市、八千代町にはスリランカ人もたくさん住んでいて、不思議な名前のモール亀仙人街にはスリランカレストランのランディワ始め、タイ、マレーシア、フィリピンなどの専門レストランや食材店があります

常総市には南アジアの野菜をメインに扱っている野菜直売所のま

上：シーア派モスク。レストランも併設されている。
下、上右：スリランカの仏教寺院とそこでのお祭り。

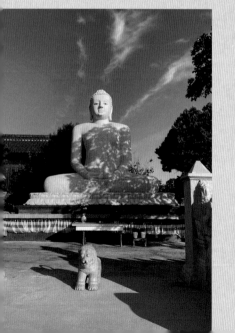

ほら邑農産物直売所もあります。夏場になると、お店は南アジア人でごった返して日本とは思えないですが、お店を切り盛りしているのは日本人のおばちゃん達で、日本語オンリーで元気いっぱいに営業しています。また、日本では珍しいシーア派のモスクのマーカズ・ムハンマド・アライ・ムハンマド・ジャパンがあり、中にマーフレストランがあります。

常総市からつくば市に入ってすぐのところには、スリ・サンブッダローカ寺というスリランカの仏教寺院もあります。ここでも季節でお祭りが行われていて、お祭りでは食事も一緒にできます。驚くことにヒンドゥー寺院も下妻市と坂東市にシュリ・ラーム・マンディル・ジャパンがあります。いろいろあって2か所に別れてしまいましたが、2か所とも健在です。

そして、茨城県には少ない南インド人ですが、つくばとひたちなかには少数ですが住んでいます。つくばでは、ポンガルやタミルニューイヤーを毎年やっていて、ぼくも参加して料理を作らせてもらっています。すごくアットホームなイベントでほっこりいいイベン

トです。つくばのタミル人は土地柄か研究者も多く、2年ほどで違う国へと引っ越してしまうことも多いので、毎回違うタミル人に会うことができるのも楽しいところです。

インド料理が好きで作るようになって、日本に住むインド人に呼んでもらって料理を作らせてもらって、しかも喜んでもらえるなんて嬉しい限りです。

このように多様性に富んでいる茨城県なんですがたぶん今年の魅力度ランキングは最下位グループなんでしょうね、でもそこがいいところでもあります。（鹿島）

上：つくば市のタミル人会で南インド料理を振る舞う著者。
下：つくば市のタミル人たちと記念撮影。

上：下妻市のヒンドゥー寺院シュリ・ラーム・マンディル・ジャパンでのプージャ。
下：そのヒンドゥー寺院で振る舞われた食事。

おいしいタミル語
ருசியான தமிழ்

現地のレストランで、国内の南インド料理屋さんでタミル語で話してみよう！

வணக்கம்　ワナッカム
こんにちは / さようなら

என் பெயர் ~　ィエン　ペール~
私の名前は~です。

சூப்பர்　スーパル
おいしい

~பிடித்திருக்கு　~プディチルク
~が好きです。

சாப்பிட்டீங்களா?　サープティンガラー?　食べた?

ஆமாம் アーマ / இல்லை イッライ　はい / いいえ

சரி サリ / சரியா? サリヤー?

OK/OK?

இது / அது என்ன?
イドゥ / アドゥ　ィエンナ?
これ / それは何ですか?

~கொடுங்கள்　~コドゥンガ
~をください

~கிடைக்குமா?　~ケデックマ?
~はありますか?

　கொஞ்சம்　コンジョン　ちょっと

காரமாக இருக்கிறதா?
カーラマー　イルッカー?
辛いですか?

காரமாக　カーラマー　辛い

இனிப்பாக　イニッパー　甘い

உப்பாக　ウッパー　しょっぱい

புளிப்பாக　プリッパー　酸っぱい

கசப்பாக　カサッパー　苦い

ருசியாக　ルシャー　おいしい

வேண்டும் / வேண்டுமா?
ヴェーヌン / ヴェーヌマー?
ほしい / ほしいですか?

வேண்டாம்　ヴェーナーム
いらない

போதும்　ポードゥン
おなかいっぱいです

இருக்கிறது
イルック
です

தண்ணீர்
タンニ
水

 வெங்காயம்
ヴェンガーヤン
たまねぎ

 பூசணிக்காய்
プーチャニッカ
冬瓜

 கத்திரிக்காய்
カットリッカー
ナス

 உருளைக்கிழங்கு
ウルレッケラング
じゃがいも

 தக்காளி
タッカーリ
トマト

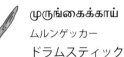 முருங்கைக்காய்
ムルンゲッカー
ドラムスティック

 வாழைப்பழம்
ヴァーレッパラン
バナナ

கோழி
コーリ
鶏

ஆடு
アードゥ
マトン

மீன்
ミーヌ
魚

மாடு
マードゥ
牛

எண்　ィエン　数字

0	1	2	3	4	5
பூஜியம்	ஒன்று	இரண்டு	மூன்று	நான்கு	ஐந்து
プージョン	オンヌ	レンドゥ	ムーヌ	ナール	アンジ

6	7	8	9	10
ஆறு	ஏழு	எட்டு	ஒன்பது	பத்து
アール	ィエール	ィエットゥ	オンバドゥ	パットゥ

100	1000
நூறு	ஆயிரம்
ヌール	アーイラン

எவ்வளவு?　ィエヴァラヴ？　いくら？どれぐらい？
எத்தனை?　ィエッタネ？　いくつ？
எப்போது?　ィエッポ？　いつ？
எப்படி?　ィエップディ？　どう？

121

レシピ本刊行記念

マサラワーラーインタビュー

このレシピ本の著者である、
マサラワーラーのお二人にインタビューを敢行。
彼らの成り立ちから、今回のレシピについて、
インド料理を作るうえでのコツ、心構えなどを聞いてきました。
マサラワーラーが考える、インド料理観大公開！

武田尋善（たけだひろよし）
1977 年生まれ。東京都出身。
2008 年、マサラワーラー結成
日本中を飛び回りつつ、ギャラ
リーでの個展開催などイラスト
レーターとしても活躍中。

鹿島信治（かしましんじ）
1977 年生まれ。茨城県出身。
2008 年、マサラワーラー結成
日本中を飛び回りつつ、ドラム
＆シタールユニットのContiの
シタール奏者としても活躍中。

――マサラワーラーのお二人についてのことやこのレシピ本についての解説などをしていただければと思います。まず、お二人が知り合うきっかけはなんだったんですか。

武田 最初は、知り合いが出ているライブを観に行ったときに、そこで（鹿島）信治君がシタールを弾いていたんです。

鹿島 ぼくはシタールを弾いてはいたけど、まだインド料理を作ったりはしたことはなかったんですけど。

武田 ぼくはその頃からインド大好きでカレー、インド料理を作ったりはしていたけど、たいしたことはなかったです。それで、ライブの後とかに二人で話したりしていたら仲良くなったんです。そしたらある日、信治君が「武田君、カレー作るの教えてよ」ってぼくの家に来たんです。

鹿島 前から作ってみたいとは思ってはいたけど、ほんと急に思い立って。それで二人でカレーのレシピ本を見たりしながらカレーを作ったりしていました。

武田 それが 2005 年頃かな。二人でカレー作ったりしながら、当時はまだ南インド料理を提供するお店も少なかったし、お金もそんなになかったし、でもティファンとか食べたくて自分で南インド料理を作ったりもしていたんです。「イドゥリのようなものにサンバルのようなものをかけて食べてなんか違うような気がする」みたいなことをブログに書いていたら、いまは大森でケララの風モーニングをやっている沼尻（匡彦）さんがそのブログを見つけてくれて、「よかったら南インド料理の食事会に来ませんか？」って誘ってくれたんです。沼尻さんがケララの風を始める前にやっていた「グルジリ」という南インド料理の食事会ですね。それに信治君と二人で行って。

鹿島 ぼくはそれまで南インド料理を食べたことがなくて、グルジリで初めて食べました。そのときはベジのミールスで、野菜と豆だけでこんなにできるのがすごいと思って、それから南インド料理に興味を持つようになりました。

武田 あの頃はとにかくカレー、インド料理をたくさん作りました。

鹿島 それで作った料理を最初はまわりの人達に食べてもらってたんだけど、量がどんどん多くなって、これはもうイベント的に振る舞って、食べてもらおうってことになって、マサラワーラーを結成することになりました。マサラワーラーの名前で初めてイベントをやったのは 2008 年の 8 月ですね。やっていくうちに、南インド料理を作ることが多くなっていきました。

――南インド料理は沼尻さんから教えてもらったりしたんですか。

鹿島 沼尻さんから直接教えてもらうことはそんなになかったです。厨房で作っているところを見せてもらったりはしましたけど。

武田 南インド料理については、レシピ本も見たし、YouTubeも見たし、料理教室にも行きました。でもほんと、最初は失敗ばかりでしたよ。塩と砂糖を間違えたり（笑）。イベントのときにチャイを 7 リットルぐらいこぼしたこともありました（笑）。

鹿島　塩と砂糖を間違えるなんて、もうマンガだよね（笑）。

武田　でも、そうやって覚えていくものですよ。とにかく作り続けていけばなんとかなるんです。1日作るのをやめたらヘタになるんじゃないかっていう強迫観念もありました。

鹿島　やっぱり楽しかったっていうのもあります。ぼくも武田君も料理をほとんどしてこなかったようなことも逆に良かったんだと思います。カレー、インド料理に限らず、他の料理で美味しいものを作れたら、こんなにインド料理を作るようにならなかったかもしれない。インド料理をひとつずつ作れるようになったときは楽しかったし、うれしかったですから。それと、食べさせること。自分だけで食べていてもわからないこともあるし、自分が作った料理を食べてもらってうれしかったこともあります。

武田　いま考えたら、最初の頃はしょうもない料理だったと思います。でも、生活をするうえでの最低限の料理しかしてこなかった人間からすれば、やっぱり初めてインド料理を作れたときはうれしかったです。

──マサラワーラーから見て、南インド料理の魅力はどこでしょうか。

武田　ぼくは初めて行ったインドが南インドで、食べ物はもちろん美味しかったんですが、そこで受けたミールスでもティファンでも南インド料理なんでも、サービスがおもしろくて、これをやりたいと思ったんです。それと、ぼくはインド料理大好きですが映画でも音楽でもなんでも、インドカルチャー大好きなんです。インド好きということと合わさっていまにつながっているというのはあると思います。

鹿島　ぼくの場合は武田君に教えてもらったりしながらだけど、ベジでもノンベジでも、いままで食べたことのない味に出会って、それで南インド料理にハマっていって、武田君と同じようにインドカルチャー全般も好きになりました。やっぱり南インド料理の味だけでなく、背景、カルチャー的なもの

も含めて魅力ありますね。

——そうやって日本全国、ケータリングでインド料理を提供するスタイルになっていくわけですね。

鹿島 そうですね。都内はもちろん、日本全国呼ばれればどこへでも行きます。ご自宅での少人数ホームパーティーにも行けば、企業の200人以上が集まるような大規模なパーティーにも行きました。南インドのマハーバリプラムにあるカフェでミールスを提供したこともありましたが、あのときは地元のインド人が食べにきてくれて、彼らが「いつも食べているミールスだ」って言ってくれて、うれしかったし少し自信になりました。

武田 そうやって活動していたら、チェンナイに住んでいたこともある、南インドの古典音楽に詳しいカメラマンの井生明さんと知り合って、共著で『南インドカルチャー見聞録』（阿佐ヶ谷書院）を出版することになったし、旅行人の蔵前仁一さんと知り合って、インド好き界隈でマサラワーラーのことを知ってもらえる機会が増えていきました。

——**今回のレシピ本では、南インドのノンベジ中心のメニュー構成となっています。**

武田 南インドというとミールスやティファンのイメージがあるかもしれないけど、決してそれだけではないし、むしろ南インドってノンベジ料理がすごく豊富なんです。

鹿島 北インドのほうがナンやバターチキンなどのイメージがあるからか、ノンベジ料理豊富と思われがちだけど、南インドのほうがノンベジ料理は豊富だと思うんです。南インドは肉も魚も野菜も、食材がすごく豊富なんですよね。南インドはミールスやティファンだけではないよっていうことを紹介したかったっていうのはあります。

武田 インドというとお酒を飲めない国というイメージがあるかもしれないけど、タミル・ナードゥ州にはタスマック（TASMAC=Tamil Nadu State Marketing Corporation Limited）っていう、州政府公認の酒場があります。今回のレシピ本ではタスマックで出てくるよう

な料理も多く載っています。日本に置き換えてみれば、居酒屋レシピみたいなものでしょうか。もちろん、ライスやパロッタなどで食べても美味しい料理の数々です。

――レシピ全体での作り方のコツというか心得みたいなものもここでお聞きできればと思ったんですが。

鹿島 インド料理って、結局は塩と油が大事なんだと思います。スパイスはもちろん大事だけど、それよりも塩と油。

武田 スパイスは入れたら入れただけ美味しくなるわけではないですからね。最初のうちはいっぱい入れすぎて失敗したりしちゃうけど。やっぱり塩と油だし、ベースの部分の玉ねぎやトマトを炒める

こととか、そういうことも大事だと思います。

鹿島 この料理にはクミンが合うとか、この料理にはコリアンダー多めに入れようとか、そういうのはもちろんあります。そうしないと全部同じスパイス使うことになっちゃいますから。魚だったらこれが合うとかカボチャだったらこ

れが合うとかは経験と知識も必要で、それはたくさん作っていけば感覚でわかるようになると思います。

武田 だからこのレシピ本でも塩についてはだいたい工程の最後に塩で味を整えるって書いてますけど、このあたり難しいんです。そのときの火加減だったり煮込み具合だったりでも適量が変わってくるんで、できれば最後にもう一度味を自分で確かめてみてほしいです。塩がバチッと決まったときのチェッティナードゥポテトローストとかめちゃ美味しいですから。

鹿島 レシピ本でこういうことを言うのもちょっとおかしいけど、分量とか手順とかは気にしすぎないことだと思うんです。レシピよりも油をもうちょっと入れてみよう、逆に減らしてみようでもいいと思うし、実際に作ってみてもうちょっと加えてみよう、減らしてみようはあっていいと思います。それと、料理教室をやっているときに聞かれたりもするんだけど、「これとこれ順番を逆にしたらダメですか」とか。それでも問題な

いものは問題ないし、もしそれでおかしくなっちゃったら、次はちゃんと手順を間違えないようにしようってことでいいじゃないですか。

武田 インド料理のレシピに限ったことではないけど、ひとつの出会ったものについて信じてついていくのはありだけどそれ以外にもいろいろあるんだということは知っておいたほうがいいと思うんです。いろんな人の料理の作り方を見ていると、それってどうでもいいんじゃないかって思うこともたくさんあります（笑）。もちろん、人それぞれっていうだけで、人それぞれやることには意味があるんでしょうけどね。

鹿島 インド料理って正解がないんですよ。細かい決まりごとはあるんだけど、なんでもありだから。

武田 そう、なんでもあり。ただ、やっぱり決まりごともあるんで、そのあたりうまく説明しにくいんだけど。

鹿島 マサラワーラーにも、料理の手順などでどうでもいいと思われてるけどやっていることもある

と思いますから。レシピはあくまでも参考でいいと思うんです。分量や手順にこだわりすぎないで、気にして悩むよりは次はこうしようって、作っていく上で自分にあった分量に調整すればいいかと思います。

武田 インド料理って、そんなに特別なものじゃないから、あるもので精一杯美味しいものを作れたらいいかと思います。

鹿島 マサラワーラーもインド人が普通に食べているものを普通に提供していければと思っているし、このレシピ本を読んで作る人も、そうなってくれたらいいし、インドを好きになってほしいですね。

武田 とりあえず、このレシピ本の中には簡単な料理からちょっと手間のかかる料理までいろいろありますが、読んだ人は南インド料理を楽しんで作ってほしいです。そしてたくさん作って自分にとってのベストな味を見つけてほしいですね。そして料理を作るだけでなく、インドのいろいろな文化を知ってほしいですね。よろしくお願いします！

マサラワーラープロフィール

武田尋善と鹿島信治によるインド料理ケータリングユニット。
日本全国どこへでも行ってインド料理を作る日本人二人組。
共著に『南インドカルチャー見聞録』（阿佐ヶ谷書院）がある。
マサラワーラーホームページ　https://www.masalawala.xyz

装丁・デザイン　宮古美智代　藤木敦子
写真　成田敏史
コラム写真　マサラワーラー
　　　　　　小林真樹（P46、P47）
イラスト　武田尋善
協力　斎野政智
編集　島田真人

MASALAWALA SOUTH INDIAN COOKBOOK
2023 年 7 月 15 日初版発行

著者　マサラワーラー
発行者　島田真人
発行所　阿佐ヶ谷書院
〒 166-0004　東京都杉並区阿佐谷南 3-46-19-102
e-mail : info@asagayashoin.jp
URL : http://www.asagayashoin.jp

印刷所：シナノ書籍印刷